四特 教育系列丛书 SITE JIAOYU XILIE CONGSHU

U0640429

锻炼学生学习力 的智力游戏策划

《"四特"教育系列丛书》编委会　编著

吉林出版集团股份有限公司
全国百佳图书出版单位

图书在版编目（CIP）数据

锻炼学生学习力的智力游戏策划／《"四特"教育系列丛书》编委会编著．—长春：吉林出版集团股份有限公司，2012.4

（"四特"教育系列丛书／庄文中等主编．学校体育竞赛与智力游戏活动策划）

ISBN 978-7-5463-8626-3

Ⅰ.①锻… Ⅱ.①四… Ⅲ.①智力游戏－青年读物②智力游戏－少年读物 Ⅳ.① G898.2

中国版本图书馆 CIP 数据核字（2012）第 041992 号

锻炼学生学习力的智力游戏策划
DUANLIAN XUESHENG XUEXILI DE ZHILI YOUXI CEHUA

出 版 人	吴　强	
责任编辑	朱子玉　杨　帆	
开　　本	690mm×960mm 1/16	
字　　数	250 千字	
印　　张	13	
版　　次	2012 年 4 月第 1 版	
印　　次	2023 年 2 月第 3 次印刷	

出　　版	吉林出版集团股份有限公司
发　　行	吉林音像出版社有限责任公司
地　　址	长春市南关区福祉大路 5788 号
电　　话	0431-81629667
印　　刷	三河市燕春印务有限公司

ISBN 978-7-5463-8626-3　　　　　定价：39.80 元

前　言

　　学校教育是个人一生中所受教育的最重要组成部分，个人在学校里接受计划性的指导，系统地学习文化知识、社会规范、道德准则和价值观念。从某种意义上讲，学校教育决定着个人社会化的水平和性质，是个体社会化的重要基地。知识经济时代要求社会尊师重教，学校教育越来越受重视，在社会中起到举足轻重的作用。

　　"四特教育系列丛书"以"特定对象、特别对待、特殊方法、特例分析"为宗旨，立足学校教育与管理，理论结合实践，集多位教育界专家、学者以及一线校长、教师的教育成果与经验于一体，围绕困扰学校、领导、教师、学生的教育难题，集思广益，多方借鉴，力求全面彻底解决。

　　本辑为"四特教育系列丛书"之《学校体育竞赛与智力游戏活动策划》。

　　学校体育运动会是学校教育教学工作的一个重要组成部分，是体育活动中的一个重要内容。它不仅可以增强学生的体质，也可以增强自身的意志和毅力，并在思想品质的教育上，发挥不可替代的作用。举办体育运动会，对推动学校体育的开展，检查学校的体育教学工作，提高体育教学、体育锻炼与课余体育训练质量和进行学校精神文明建设都具有重要的意义。本书旨在普及体育运动的知识，充分调动广大青少年学生参与体育活动的积极性，内容包括学校体育运动会各个单项的竞赛与裁判知识等内容，具有很强的系统性、实用性、实践性和指导性。

　　将智力和游戏结合起来，通过游戏活动达到大脑锻炼的目的，是消除疲劳、增强脑力、重塑脑功能结构的主要方式，也是培养智力的重要措施。

　　青少年的大脑正处于发育阶段，具有很大的塑造性，通过智力游戏活动，能够培养和开发大脑的智能。广大青少年都具有巨大的学习压力，智力游戏活动则能够使他们在轻松愉快的情况下，既完成繁重的学业任务，又能提高智商和情商水平，可以说是真正的素质教育。为了使广大青少年在玩中学习，在乐中提高，我们根据青少年的生理、心理特点，特别编写这套书。我们采用做游戏、讲故事等方法，让广大青少年思考问题，解决难题，并在玩乐的过程中，循序渐进地提高智商和开发智力，达到学习与娱乐双丰收的效果。

　　本辑共 20 分册，具体内容如下：

　　1.《团体球类运动竞赛》

　　学校体育运动的目的是调动学生活动的兴趣，提高学生参加体育运动和各种活动的积极性，让学生在运动中体会到参与的快乐。本书就学校团体球类运动的竞赛与裁判问题进行了系统而深入的阐述，使学生掌握组织团体球类竞赛的方法。本书体例科学，内容全面，具有很强的系统性、实用性、实践性和指导性。

2.《小型球类运动竞赛》

小型球类运动竞赛包括排球、羽毛球和乒乓球等比赛。举办体育运动的目的是调动学生的兴趣，提高学生参加体育运动和各种活动的积极性，让学生在运动中体会到参与的快乐。小型球类运动竞赛包括排球、羽毛球和乒乓球等。本书就球类运动的竞赛与裁判问题进行了系统而深入的阐述，体例科学，内容全面，具有很强的系统性、实用性、实践性和指导性。

3.《跑走跨类田径竞赛》

学校体育运动的目的是调动学生活动的兴趣，提高学生参加体育运动和各种活动的积极性，让学生在运动中体会到参与的快乐。跑走跨类田径竞赛包括长短跑、跨栏跑和竞走等项目比赛。本书就学校跑走跨类田径运动的竞赛与裁判问题进行了系统而深入的阐述，体例科学，内容全面，具有很强的系统性、实用性、实践性和指导性。

4.《跳跃投掷类田径竞赛》

长期以来，在技术较为复杂的非周期性田径项目的教学中，一般都采用以分解为主的教学法。这种方法教学手段繁琐，教学过程复杂，容易产生技术的割裂和停顿现象，特别是与现代跳跃和投掷技术的快速和连贯性有着明显的矛盾。因此，它对当前进一步提高教学质量产生十分不利的影响。本书就学校跳跃投掷类田径运动的竞赛与裁判问题进行了系统而深入的阐述，体例科学，内容全面，具有很强的系统性、实用性、实践性和指导性。

5.《体操运动竞赛》

竞技性体操包括竞技体操、艺术体操、健美操、技巧、蹦床五项运动。其中，竞技体操男子项目有自由体操、鞍马、吊环、跳马、双杠、单杠六项，女子项目有跳马、高低杠、平衡木、自由体操四项。本书就学校竞技体操运动的竞赛与裁判问题进行了系统而深入的阐述，体例科学，内容全面，具有很强的系统性、实用性、实践性和指导性。

6.《趣味球类竞赛》

学校体育运动的目的是调动学生活动的兴趣，提高学生参加体育运动和各种活动的积极性，让学生在运动中体会到参与的快乐。本书就学校趣味球类竞赛项目运动的竞赛与裁判问题进行了系统而深入的阐述，体例科学，内容全面，具有很强的系统性、实用性、实践性和指导性。

7.《水上运动竞赛》

水上运动包含五个项目：游泳，帆船，赛艇，皮划艇，水球。本书就学校水上运动的竞赛与裁判问题进行了系统而深入的阐述，体例科学，内容全面，具有很强的系统性、实用性、实践性和指导性。

8.《室内外运动竞赛》

室内运动项目包括瑜伽、拉丁、肚皮舞、普拉提、健美操、踏板操、舍宾、跆拳道等，户外运动项目包括攀岩登山、动感单车、潜水游泳、球类运动等。本书就学校室内外运动的竞赛与裁判问题进行了系统而深入的阐述，体例科学，内容全面，具有很强的系统性、实用性、实践性和指导性。

9.《冰雪运动竞赛》

冰雪运动主要包括冬季运动和轮滑运动训练、竞赛、医疗、科研、教学、健身等。本书就学校冰雪运动的竞赛与裁判问题进行了系统而深入的阐述，体例科学，内容全面，具有很强的系统性、实用性、实践性和指导性。

10.《趣味运动竞赛》

趣味运动，是民间游戏的全新演绎，是集思广益的智慧创造，它的样式不同，内容各异。趣味运动会将"趣味"融于"团队"，注重个人的奉献与集体的协作。随着中国经济文化的迅速发展，人们精神文化生活的丰富，趣味体育也有了更广阔的发展空间，成为一种新的时尚。本书就学校趣味运动的竞赛与裁判问题进行了系统而深入的阐述，体例科学，内容全面，具有很强的系统性、实用性、实践性和指导性。

11.《锻炼学生观察力的智力游戏策划》

发展观察力的游戏有"目测""寻找""发现"等。这些游戏可帮助学生加强观察的目的性、计划性，扩大观察范围，使孩子能更多、更清楚地感知事物。本书对锻炼学生观察力的智力游戏项目策划进行了系统而深入的阐述，体例科学，内容全面，具有很强的系统性、实用性、实践性和指导性。

12.《锻炼学生注意力的智力游戏策划》

注意力是儿童普遍存在的问题。他们在听课、做作业、看书、活动等事情上，往往不能集中注意力，也没有耐性。在人们的生活、学习和工作过程中，注意力起着非常重要的作用。有位教育专家说：注意力是学习的窗口，没有它，知识的阳光就照射不进来。本书对锻炼学生注意力的智力游戏项目策划进行了系统而深入的阐述，体例科学，内容全面，具有很强的系统性、实用性、实践性和指导性。

13.《锻炼学生记忆力的智力游戏策划》

记忆力游戏是一种主要依赖于个人记忆力来完成的单人或团体游戏。这类游戏的形式在现实和网络中都是非常多的，能否胜出本质上取决于个人的记忆力强弱，这也是一种心理学游戏。本书对锻炼学生记忆力的智力游戏项目策划进行了系统而深入的阐述，体例科学，内容全面，具有很强的系统性、实用性、实践性和指导性。

14.《锻炼学生思维力的智力游戏策划》

这是一本不可思议的挑战人类思维的奇书，全世界聪明人都在做。在这本书里，你会找到极其复杂的，也是非常简单的推理问题，让人迷惑不解的图形难题，需要横向思维的难题和由词语、数字组成的纵横字谜，以及大量的包含图片、词语或数字，或者三者兼有的难题，令你绞尽脑汁，晕头转向！现在，你需要的是一支铅笔和一个安静的角落，请尽情享受解题的乐趣吧！

15.《锻炼学生想象力的智力游戏策划》

学校的智力游戏活动主要是锻炼学生认识、理解客观事物并运用知识、经验等解决问题的能力，它是直接为学生提高学习能力而服务的，也是学生学习知识的实践运用，它不仅具有趣味性，更具有娱乐性。本书对锻炼学生想象力的智力游戏项目策划进行了系统而深入的阐述，体例科学，内容全面，具有很强的系统性、实用性、实践性和指导性。

16. 《锻炼学生表达力的智力游戏策划》

语言表达能力是现代人才必备的基本素质之一。在现代社会，由于经济的迅猛发展，人们之间的交往日益频繁，语言表达能力的重要性也日益增强，好口才越来越被认为是现代人所应具有的必备能力。本书从大量的益智游戏中精选了一些能提高青少年记忆力的思维游戏，为广大读者提供一个检视自身思维结构、全面解码知识、融通知识、锻炼思维的自我训练平台。

17. 《锻炼学生学习力的智力游戏策划》

学校的智力游戏活动主要是锻炼学生认识、理解客观事物并运用知识、经验等解决问题的能力，它是直接为学生提高学习能力而服务的，也是学生学习知识的实践运用，它不仅具有趣味性，更具有娱乐性。本书对锻炼学生学习力的智力游戏项目策划进行了系统而深入的阐述，在游戏中培养孩子的学习能力。体例科学，内容全面，具有很强的系统性、实用性、实践性和指导性。

18. 《锻炼学生空间力的智力游戏策划》

学校的智力游戏活动主要是锻炼学生认识、理解客观事物并运用知识、经验等解决问题的能力，它是直接为学生提高学习能力而服务的，也是学生学习知识的实践运用，它不仅具有趣味性，更具有娱乐性。本书对锻炼学生空间力的智力游戏项目策划进行了系统而深入的阐述，体例科学，内容全面，具有很强的系统性、实用性、实践性和指导性。

19. 《锻炼学生实践力的智力游戏策划》

社会实践即通常意义上的假期实习，对于在校大学生具有加深对本专业的了解、确认合适的职业、为向职场过渡做准备、增强就业竞争优势等多方面意义。也有些学生希望趁暑假打份零工，积攒一份零花钱。本书对社会锻炼学生实践力的智力游戏项目策划进行了系统而深入的阐述，体例科学，内容全面，具有很强的系统性、实用性、实践性和指导性。

20. 《锻炼学生创造力的智力游戏策划》

本书对创造能力的培养进行研究，包括创造力的认识误区、创造力生成的基本理论、创造力的提升、管理者应具备的技能等，同时针对学生设计的游戏形式来进行创造力的训练。其实，想要激发孩子的创造力，家长不必在家里放上昂贵的玩具和娱乐设施。一些简单的活动，比如和宝宝玩拍手游戏，或者和孩子一起编故事，所有这些都能让孩子进入有创意的世界。本书对锻炼学生创造力的智力游戏项目策划进行了系统而深入的阐述，体例科学，内容全面，具有很强的系统性、实用性、实践性和指导性。

由于时间、经验的关系，本书在编写等方面，必定存在不足和错误之处，衷心希望各界读者、一线教师及教育界人士批评指正。

作者

目　录

第一章

学生学习力的锻炼指导

1. 什么叫学习力

所谓学习力，是指学习动力、学习毅力和学习能力。学习力是指一个人或一个企业、一个组织学习的动力、毅力和能力的综合体现。学习力是把知识资源转化为知识资本的能力。

个人的学习力，不仅包含它的知识总量，即个人学习内容的宽广程度和组织与个人的开放程度；也包含它的知识质量，即学习者的综合素质、学习效率和学习品质；还包含它的学习流量，即学习的速度及吸纳、扩充知识的能力。更重要的是看它的知识增量，即学习成果的创新程度以及学习者把知识转化为价值的程度。

组织学习力是人们创新能力的集中体现，能直接转化为创新成果。它倡导团队学习比个人学习更重要，团队具有整体搭配的学习能力，团体内信息和知识自由流动、高度共享。团队学习既是团队成员相互沟通和交流思想的过程，也是团队成员寻求共识和统一行动的过程，还是产生团队的"创造性张力"的过程。

2. 学习力三要素

学习力是由三个要素组成的。这三个要素分别是学习的动力、学习的毅力和学习的能力。学习的动力体现了学习的目标；学习的毅力反映了学习者的意志；学习的能力则源于学习者掌握的知识及其在实践中的应用。

一个人、一个组织是否有很强的学习力，完全取决于这个人、这个组织是否有明确的奋斗目标、坚强的意志和丰富的理论知识以及大量的实践经验。

　　学习力是学习动力、学习毅力和学习能力的交集，只有同时具备了这三个要素，才能称为真正的学习力。当你有了努力的目标，你只是具备了"应学"的动力；当你具备了丰富的理论和实践经验，你仅仅具有了"能学"的力量；当你学习的意志很坚定的时候，你不过是有了"能学"的可能性。只有将三者合而为一，将三者集于一身，你才真正地拥有学习力。

3. 提高学习力的意义

　　学习力是什么？国外有学者释义为"一个人学习动力、学习毅力、学习能力的总和。"其实还应该增加"学习创新力"，即表述为学习力是学习动力、学习毅力、学习能力和学习创新力的总和，是人们获取知识、分享知识、使用知识和创造知识的能力，是动态衡量一个组织和个人综合素质和竞争力强弱的真正尺度。学习动力源于学习目标、兴趣、动机，目标越大、兴趣越浓、动机越强，动力就越大，这是学习的动力源。学习毅力源于学习精神、心理素质、智力、意志和价值观等。认识有多深，毅力有多强，学习就会有多持久，这是学习力的核心。学习能力源于学习方法，主要包括阅读力、记忆力、理解力、判断力、学习效率等，是学习是否具有成效的关键。学习创新力源于系统思考，包括观察力、分析力、评价力、应用力，是学习的最高境界。学习力的几大构成要素不是孤立存在的，它是相互叠加，互相促进，有机联系的整体，是人们自我学习、自我变革、自我超越、自我发展的螺旋式上升的过程。

那么，如何增强学习力呢？国学大师王国维先生在《人间词话》中讲到："古今之成大事业、大学问者，罔不经过三种之境界。"他集合了宋代三位名家的词句，描述了学习的三种境界。第一种境界是"昨夜西风凋碧树，独上高楼，望尽天涯路"（晏殊）；第二种境界是"衣带渐宽终不悔，为伊消得人憔悴"（柳永）；第三种境界是"众里寻它千百度，蓦然回首，那人却在灯火阑珊处"（辛幼安）。增强学习力，就应当循着这三种境界，做到真学、真信、真用，这样才能真正提高自己。要学习反映时代进步的现代经济、科技、法律、金融、历史、文学等方面的知识。这不是为了装点门面、附庸风雅，而是改善知识结构、扩大知识面的需要，是加强自身修养、充分履行岗位职责的需要。要学习的东西这么多，如何才能保证有时间学并学有所获呢？笔者认为，关键是要挤出业余时间。有人说，人的差异往往在于对业余时间的利用上。一个人如果每天挤出 1 个小时的学习时间，一年就是 365 个小时，必然能学到很多东西。提高学习力，就是要发掘这种学习潜能，把这种潜能当作一种稀缺资源进行整合，从而提升一个人、一个组织乃至一个民族的学习力。

只有一个崇尚学习的民族才能在历史的天空发出夺目的光彩。中国几千年的文明史，流传着一个个刻苦学习的动人传说和生动事例，如孟母三迁、凿壁偷光、铁杵磨针、头悬梁锥刺股等；留下了一批宝贵的文化遗产，如《史记》《资治通鉴》《永乐大典》等经典著作，造纸术、印刷术、火药、指南针四大发明，《天工开物》《本草纲目》《齐民要术》等科学巨著，《红楼梦》《三国演义》《西游记》《水浒传》等文学名著；涌现了屈原、李白、杜甫、白居易、苏东坡、陆游、陶渊明等一批文化名人，还有革故鼎新的王安石、先忧后乐的范仲淹、刚正不阿的包拯、不畏权势的海瑞、舍生取义的史可法、虎门销烟的林则徐，兴办洋务运动的曾国藩、张之洞……如果没有重文尚学的传统，中华民族几千年的文明史就不会如此绚丽多姿、辉煌厚重，在历史的天空发出璀璨夺目的光彩！

一个崇尚学习的人才会有所作为，在人生的舞台上占有自己的位置。凡是有所作为的先哲伟人、巨匠大家，无一不是博览群书、学富五车、通晓古今、才识渊博的。马克思为了写出《资本论》，曾翻阅了 1 500 多种书，引用了 296 个署名作者的 376 本著作中的材料和观点，还引用了 45 种报刊和 56 种会议报告及政府、团体刊物的资料。尼克松在《领导者》一书中，分析了许多杰出政治家之所以成功的原因，认为其中最重要的一条，就是因为他们都酷爱学习、善于观察、勤于思考。需要注意的是：历史上的一些名人，我们永远都会记得他们博大精深的学问和脍炙人口的名篇、名言。楚国三闾大夫屈原因为坚持改革遭到排挤，被流放汨罗江，有谁不知道"路漫漫其修远兮，吾将上下而求索"；我们提到岳飞，就会想到《满江红》，能想起他精忠报国、抗金杀敌的壮举；我们提到范仲淹，作为北宋著名的政治家、改革家，既能想起他为百姓办实事，也能想起他的《岳阳楼记》和"先忧后乐"名句；我们提到苏轼，总能想起他在黄州赤壁的千古绝唱"大江东去浪淘尽，千古风流人物……"现实生活中大凡有所成就的人、进步很快的人、我们为之佩服的人、有思想品位的人，都是酷爱学习、勤于思考的人！

鲁迅先生说过，"时间就像海绵里的水，只要愿挤，总还是有的"；高尔基说过，"世界上最长而又最短、最快而又最慢、最平凡而又最珍贵，最容易被忽视而又最令人后悔的就是时间"。

所以，对于我们每一个人来说，学习不是有没有时间的问题，而是重视不重视、利用不利用的问题。时间最无情，它一去就不复返；时间最公平，时间面前人人平等，它既不会因为你是重要人士就多停留一分，也不会因为你是平民百姓就少赐予一秒。要力戒浮躁之气，少一些应酬，合理规划时间，善于节约时间，有效利用时间，把有限的时间用在读书学习上。可能有的人会觉得不需要学习，认为现在不学习也还过得去，凭经验办事和工作还应付得了。其实越是成功的人，就会越感到学习的重要；人生阅历越丰富，就会越感到学习的重要；越学习就会越感到学习的重要。

在知识经济时代，知识呈爆炸性增长。仅 20 世纪 60 年代—20 世纪 70 年代的 10 年时间里，人类的发明创造就超过了过去 2 000 年的总和。以生物学为例，20 世纪以来，生物学的知识量，超过了 20 世纪初生物学知识量百倍。知识转化为现实生产力的过程大大缩短。从电能的发现到第一座电站的建立时间间隔为 282 年。在美国，电话普及用了 75 年，电视机普及用了 30 年，而计算机的普及只用了 10 年，特别是激光技术，从发现到利用只有一年时间。知识更新的速度大大加快。据专家预测，18 世纪知识更新周期为 85 年～90 年，19 世纪到 20 世纪初知识更新周期缩短为 30 年，进入 20 世纪 90 年代，知识更新的周期就只有几年。

在知识经济时代，最能证明个人价值的就是人的学习能力。即使是一个知识渊博的人，如果停止学习，也会变成一个知识贫乏的人、一个孤陋寡闻的人。

知识无止境，学习也就无止境。一个人不可能掌握所有的知识，一项技能不可能终身受用。不学习会被社会淘汰，少学习就会落后于人；只有好好学习，才能天天向上。要视学习为能力。一个勤于学习、善于学习的人，他的记忆能力、判断能力和决策能力明显要比他人强，工作也会更得心应手。

有些人只看到其他人处理问题时的游刃有余和驾轻就熟，却看不到他们对问题的悉心思索和对实际情况的深刻把握；只看到有的人演讲时信手拈来、口若悬河，却看不到他们在背后的刻苦学习和长期

6

积累。要视学习为乐趣，要视学习为需要。多读些说理透彻的哲理书使人豁达明智；多学些科学的、实用的知识使人充实多能；多看些色彩斑斓的文艺书是在享受生活、品味人生；多阅些名人传记如同穿越时空隧道、走进名人的心灵深处、与名家大师面对面交流。

古人云：宁可三日无肉，不可一日无书；一日不读书，胸臆无佳想；一月不读书，耳目失清爽。一个人要把"需要学习"看得和"需要吃饭、睡觉"一样重要，把学习当成工作、生活的一部分，当成生命的组成元素。学习者还要拓展学习的内容，掌握科学的世界观和方法论，学会全面而不是片面地、发展而不是静止地、联系而不是孤立地思考问题、分析问题，提高解决实际问题的能力。学习做好本职工作所需要的专业知识，学习市场经济知识、金融知识、计算机知识和社会科学知识、管理科学知识，提高自身的知识水平，不断拓展认识的深度和广度。

此外，还要学习其他文化知识，如历史、文化、地理等，提高自己的文化品位。学习时要讲求方法，与实践相结合，既苦读有字之书，又学习无字之书，虚心向实践学习、向他人学习，提高辩证思维能力和驾驭全局的能力；要勤于思考，谋在心悟，做到每次学习都有所得；要用所学的知识来指导自己如何做人、办事，让学到的东西进入自己的骨髓，溶入自己的血液。

4. 学习力的本质是竞争

学习力的本质是竞争力。当今时代是一个充满竞争的时代。20世纪60年代，被《财富》杂志列为世界500强的大公司，堪称全球竞争力最强的企业。然而，到20世纪80年代这些500强的企业消失了三分之一，到 20 世纪末更是所剩无几。这一方面反映了风起云涌的新科技革命和新经济的产生迅速更换或淘汰传统产业的大趋势，但同时也反映出这些大企业跟不上时代的步伐而被时代抛弃的必然性。实践证明，凡能进行自我超越、团体学习的企业，都能在原有基础上重焕活力，再铸辉煌。

企业获得成功的人秘诀在于：一是能以最快速度，在最短时间内学到新知识，获得新信息；二是组织的员工尤其是领导层能不断提高学习能力；三是加强"组织学习"，形成具有特色的组织文化，集思广益，获得最大成效；四是把学习到的新知识、新信息用于企业变革与创新，最大限度地适应市场和客户的需要。

当前，世界百年未有之大变局加速演讲、经济全球化深入发展、科技进步日新月异，知识信息更新速度之快前所未有，社会实践发展之深前所未有，对学习的要求之高前所未有。面对时代大潮，谁能学得早、学得好，谁就能抓住先机，谁就能占据主动。学习型社会是美国学者罗伯特·哈钦斯于 1968 年首次提出的。20 世纪 70 年代，联合国教科文组织提出，人类要向着学习化社会前进。世界上许多国家、许多政党纷纷提出和实施建设学习型组织、学习型社会的重要战略。力争通过学习增强适应环境变化能力、提升发展竞争能力。在大力推进学习型社会建设的进程中，必须克服存在的五个问题。

（1）学习动力不足

学习涉及人们的价值追求，习惯养成，精神感悟和实践运用，需要长期的积累和沉淀，需要有一种如饥似渴的动力。动力来自忧患意识、机遇意识。要把学习作为一种政治责任，一种精神追求，一种生活态度。保持学习行为的持续性和长久性，个人要终身学习和教育，企业要不断学习与变革，城市要始终保持竞争的动力和创新的活力。

（2）学习内容单一

当今时代是一个变革、调整、创新的时代，新创造、新发展层出不穷。据专家考证，18世纪以前，知识更新速度为每80年～90年翻一番；19世纪60年代，知识更新速度为每50年翻一番；20世纪90年代，知识更新加速到每3～5年翻一番。因而，需要学习、熟悉和掌握的东西很多，必须不断拓展学习领域，加快知识更新，优化知识结构。

（3）学习方法陈旧

随着社会生活环境和社会组织结构的深刻变化，人们获取知识的途径日益多样，对学习的自主性、即时性、便利性的要求显著增强。传统的学习方法已经难以适应新情况，解决新问题。必须积极探索现代科学方法来推进学习，大力倡导互动式、研究式、共享式学习。在交流、交锋、交融中营造生动活泼的学习氛围。

（4）学习摆样作秀

在市场经济不断发展的条件下，有些人的心态比较浮躁，自觉不自觉地存在轻视学习的倾向。有的人认为学习不学习无所谓，只要把领导交办的事情做好就行；有的人把学习作为一种门面，"摆功架"，常作秀；有的人在口头上反复强调学习的重要性，实际上却不重视学习，家里堆满书籍，但没有认真读过一本。

（5）学习脱离实际

人在学习时，要坚持把向书本学习、向实践学习、向他人学习统一起来。学习的目的在于运用，学习的成效在于解决实际问题。今天我们所面临的重大现实问题是多方面的，因此要抓住可以大有作为的重要战略机遇期，科学把握发展规律，主动适应环境变化，有效化解各种矛盾，更加稳步地推进各项工作的落实，真正达到学以致用。

5. 高学历不等同学习力

好的教育不等于好的学习力，换句话说，有高学历的人并不等于有好的学习力。

其实，个人成长的路有很多，从工作中积累经验、敢于变换轨道开创事业新天地、通过学习和培训充电都都是不错的选择，不必拘泥于学校教育。从某种意义上来说，教育并不等于学习力，更不等于竞争力。最好的学习力，是不断从生活中汲取知识、能量和动力的能力。

$S = E + E$，是一条在职教育的成功公式，也可以是提高竞争力的公式。S 代表成功（success）；第一个 E 代表教育（education）；第二个 E 代表经验（experience）。这个公式用中文读出来就是："成功是教育加经验的平衡。"它把实际工作经验，提升到和教育经历同等重要的地位。

好的教育经历也许能够使一个人获得某种成功，但从具体工作中学到的知识和真正的学习能力，更是和教育经历同等重要的成功保障。对于职场人而言，人生最宝贵的东西，其实就是在工作中积累的经验，这个经验主要由工作技能和人脉关系组成。职场深造的最佳选择，就是在既有工作经验的基础上，选择一个通往相关行业中更高位置的学习和成长之路。

职场人应该努力做好本职工作，然后在工作中求发展，在工作中求提升，努力提高自己在行业内部的竞争力，再来讨论是否考一个本科甚至研究生学历的话题。

随着工作的深入、经验的积累，在职场打拼三五年之后，人们往往会进入一个"事业瓶颈期"。事业瓶颈期的特点是：从组织内部获得的职责与期待，与自身素质和能力不适应，开始觉得自己能力不足，自信心衰退，强烈地感到需要进修深造。

拥有良好学习力的意义就在这里，它能使一个人不断变成"更好的自己"以及"最好的自己"。管理大师彼得·圣吉在其著作中说道："之所以不能成功，是因为学习能力不够，或者说没有学习的能力。"

关于学习力的公式表述为：L < C = D。L 代表的是学习速度，C 代表的是变化速度，D 代表的是死亡，意思是如果学习的速度跟不上环境变化的速度，那就只能死亡。这就要求个人要以最快的速度、用最短的时间学到新知识、捕获新信息，并以最快的速度、最短的时间将其应用于工作和生活中，即用最短的时间得到一个"更好的自己"。

实际上，不存在危机时期的学习或繁荣时期的学习。无论经济危机还是经济繁荣，职场需要的人才是不变的——所受教育和经验与岗位需求相匹配，同时又有着强大学习力的人。所以在瞬息万变的现代社会，"活到老，学到老"已经不是少数人自勉的警句，而是一种现实状态。"以不变应万变"的理论早已过时，变革同样也是竞争力。敢于求变、敢于打破常规、更换轨道，就是一种强大的学习力和成长力。

学习力让人的眼界、知识、能力不断提升——我们或许无法决定或选择外部环境的变化，但是可以通过自身的学习力来保证自身的竞争力。

如果套用上面的公式，在如今经济环境（C）出现剧烈变化的情况下，自身学习的速度（L）就显得尤为重要，这就要求我们将学习力的效率达到最大化。要做到这一点，可以用一句话来概括：强化学习动力、提升学习能力、保持学习毅力。而每个人都有不同的学习习惯与方法，这就需要每个人去仔细地分析、总结。

6. 培养学习力首先要自信

是否具备强大的学习能力，是决定事业成败和人生是否幸福的关键因素。学习力很关键的两点是学习培养信心和认识自己，这是掌握其他具体能力和方法的前提。

一个人起点的高低并不重要，重要的是知道梦想在哪里，并且懂得该如何实现自己的梦想。一个人可能天资一般，后天的机遇也平平，但是只要拥有强大的学习力，就会不断地突破自我、改变命运，让梦想照进现实。

无论何时，人都要对自己充满信心，要相信通过学习和努力，可以提高能力、改变境遇。还要相信，只要理念和方向正确，并且充满信心，就会克服一切困难。

说到学习，可能很多人会想到回学校进修，再拿一个学位，或者再学一项技能。其实，学校并不是学习的唯一场所，甚至也不一定是最佳的场所，只有从当下着眼、从自身实际出发才能找到最适合自己的学习方式。

每一行有每一行的学问，每个人也都有每个人的学习方式。不管是管理者、技术型人才，还是销售人员，都需要培养各自专业的学习系统。有的放矢地根据自身情况和当下情形，给自己制定学习目标，这要比盲目地求学和充电要好很多，而且会让努力立竿见影。

一个人的强大并不在于他现在拥有了什么，而是取决于他是否拥有变得更加强大的能力。我们或许都是平凡而普通的，但只要拥有自省、自察和自我完善的智慧，通过不断地学习、不断地自我更新与进步，就一样可以创造不平凡的人生。

7. 提高学习力的五大要素

要想提高学习力，需要掌握以下五大要素。

(1) 树立正确的目标

树立正确的目标是很重要的，一个人的学习活动没有目标，行动就是盲目的，没有结果的，就好像一艘船在大海里航行，没有航行目标，永远也无法到达彼岸。只有树立了正确的目标，人的潜力才能得到最大限度的激发。然而，很多人虽然确定了自己的目标，但是没有动力去执行，只能颓废地度过一生。

(2) 让学习变得快乐

让学习变得快乐，首先要选择适合自己的学习方法；其次要明确学习的目的，端正学习态度，在愉快的情绪下获取知识。

(3) 掌握知识的认知结构

认知结构是指所学过的知识在头脑中的储存方式。知识在头脑中是相互关联的还是各自独立的？是条理清晰的还是混乱不清的？是灵活贯通的还是刻板僵化的？认知结构不同，也就决定了利用知识解决问题的能力不同。

(4) 集中精力高效学习

精力集中的程度决定着思维的深度和广度。科学史上思想深邃的人都能集中精力做事。奥托·弗里希回忆说："爱因斯坦特别能集中精力，我确信那是他成功的真正秘诀。他可以连续数小时以我们大多数人一次只能坚持几秒中的程度完全集中精力。"这句话清楚地揭示了集中精力的重要性。

（5）学会自我调节

学会自我调节是进行愉快学习的有效途径，因为这是一种能够把被动学习转变为积极的、有目标的学习的方法。

在学习过程中，自己监视自己，评估自己，反馈自己，有什么不足就及时修正，这个过程就是自我调节过程。在这个过程中，智力因素和非智力因素都在积极协调，不断地完善以达到最佳的学习效果，获得最好的成绩，从一个成功走向另一个成功，逐步走向自我完善和自我实现，获得大成就、成为大人才。

以上这些要素是影响学习效果和学习成才的关键要素，如果掌握了这些要素，形成科学的学习观念，就能有效地提高自身的学习力。

8. 中小学生学习力自测题

下面每行中都有一些两两相邻、其和等于 *10* 的成对数字，在每对相加等于 *10* 数字的下面画上线，

例如：8795 *64367 8226 91*

测试要求

①小学生在 *8* 分钟内，初中生在 *5* 分钟内做完，不要超时，否则测试成绩不准确。

②从一开始做，就一直到做完为止，中间不能停顿。

测试标准

下面数字行共有 *150* 对相加等于 *10* 的邻数，每答对一对数字，则得 *1* 分。例如：孩子答对下面共 *130* 对，则得分 *130* 分。

评分标准

得分 *138 ～ 150* 的，学习力、注意力非常强，学习效率高；

得分 *116 ～ 137* 的，学习力、注意力比较强，学习效率比较高，需要提高注意力；

得分 *102 ～ 115* 的，学习力、注意力一般，刚好及格，学习效率比较低，更需要提高注意力；

得分 *101* 以下的，学习力、注意力比较差，学习效率很低，是注意力不集中的孩子，最需要提高注意力。

A *79148756394678831234567898765437*

B *91765432198765431421521621728194*

C *12845678912345671521631746135124*

D *33467382914567349129123198265190*

E *51982774675370988028382032465934*

F *20563770895749745505533554465505*

G *64328976378209382457864018258640*

H *76554744466688831345178313141561*

I *32832112312354378239237236324376*

J *98798787682676570198684743289619*

K *19873826455910884234568345679467*

L *24682468369118194455566667777738*

M *83659172375943767766554433221199*

N *91827364558183729108207456789234*

O *27348556472378026775675675645766*

P *63868918764382928765465435432321*

Q *97543354682254668574635296645342*

R *40439347368247463647586972837283*

S 5016198463287642848765907115 1682

T 8365428966403682675469845734 2891

U 4865487698347389647467647647 3468

V 8957386901028537823281817161 5648

W 6428649762801836528360778899 1122

X 4829516383784675286633774488 5599

Y 6248274638961984832845591826 4379

第二章

学生学习力的锻炼游戏

1. 计算一下容积

曾经有这样一个故事，一名毕业于名牌大学数学系的学生，因为是学校的佼佼者，所以十分傲慢。一位老者很看不惯，就给他出了一道求容积的题。老者只是拿了一个灯泡，让他计算出灯泡的容积是多少。傲慢的学生拿着尺子算了好长时间，记了好多数据，也没有算出来，只是列出了一个复杂的算式来。而老者只是把灯泡中注满了水，然后用量筒量出了水的体积，就算出了灯泡的容积。

现在如果你手中只有一把直尺和一只啤酒瓶子，而且这只啤酒瓶子的下面 2/3 是规则的圆柱体，只有上面 1/3 不是规则的圆锥体。以上面的事例做参考，你怎样才能求出它的容积呢？

2. 读了多少页书

9 月 1 日，琳琳升到三年级了。她的妈妈为了让她养成看书的好习惯，从开学开始，她每天除了老师布置的作业，还要读 10 页课外书。可 9 月 5 日那天，琳琳去了奶奶那里住，没有在奶奶家里读书，也包括课外书在内。

那么请问，到 9 月 1 日后的第 9 天，琳琳总共读了多少页书？

3. 老鼠可以繁衍多少只

可是说，老鼠是一种随处可见的动物，它的繁殖力非常惊人。老

18

王那天在市场上闲逛，见到一处围观的人很多，他也就凑过去看了看，原来是卖老鼠的。

他刚过去，就听到卖老鼠人说，一只母鼠每个月都会生产一次，一胎可生 12 只小老鼠。而且，两个月后，小老鼠就又可以生产了。听到这，老王就买了一只，想试试是不是像卖鼠人说的那样。

现在你可以替老王算一算，如果现在开始养了一只刚出生的小老鼠，过 10 个月，老王会有几只老鼠？

4. 小猫的名字叫什么

动物园开课了，在一间教室里，总共有 6 个位置，分为两排。第一排从左到右的三个位置分别用 A、B、C 代替；第二排从左到右三个位置则分别用 D、E、F 代替。今天来上课的全是长得很相似的小猫咪，而且他们都有自己的名字哟。那么，你能根据他们所坐着位置分别叫出他们的名字吗？他们是这样坐的：

①咪咪坐在第一排；

②花花和球球坐在同一排；

③花花在咪咪的左边；

④球球所坐的位置的右边或者是 C，或者是 F，黑黑坐在中央位置；

⑤忽忽坐在蓝蓝的右侧。

5. 买鸡卖鸡赚了多少钱

张先生是远近闻名的养鸡专业户，他把全部的精力都用在了鸡

19

的身上，而且他每次买鸡与卖鸡都会做一个详细的计划。一次，张先生又做好了计划，他用 5 万元买回来一批鸡，因为某种原因，他把这批鸡以 6 万元的价钱卖了出去。

几天后，他又用 7 万元钱把那批鸡买了回来，此时张先生听人说有人想要一批鸡。于是，他又把这批鸡以 8 万元的价钱卖了出去。

经过张先生的这两次买鸡与卖鸡，你知道他能赚多少钱吗？

6. 小点儿声

小李说母亲总是把电视机的声音开得太大，影响了他学习，让母亲把电视关小点儿声，可是母亲并不承认自己把电视的声音开得很大，因为父亲一直在旁边看报，也没有发现电视声音过大，所以拒绝调小电视声音。

如果母亲拒绝调小电视声音是错误的，下列哪一项是支持这一观点成立的：

A. 母亲不喜欢看书，不了解看书需要安静的环境。

B. 父亲在看报时戴着耳塞，耳塞的效果很好。

C. 母亲只在晚 8 点以后才会看电视。

D. 父亲有点耳背，对外界的声音不是很敏感。

7. 是什么职位

一次聚会上，赵云遇到了宋河、代涛和王国三个人，他想知道他们三人分别是做什么的，但三人只提供了以下信息：三人中一位是警员、一位是设计师、一位是作家；王国比作家年龄大，宋河和设计师不同岁，设计师比代涛年龄小。

请问：三人的职业各是什么？

8. 测血压

有一天，李大婶上街买东西，看见有个地方围了一群人。她凑过去一看，原来是中国高血压日的宣传。李大婶转身就要走，这时，一位年轻的白衣大夫叫住了她，"大婶，让我帮您测一测血压好吗？"李大婶连忙挥手说："我又不胖，算了吧。"

根据题意，以下哪项最可能是李大婶的回答所隐含的前提？

A. 只有高血压患者才需要测血压，我不用。

B. 只有胖人才可能高血压，也才有可能经常测血压。

C. 虽然说测一下血压是免费的，但是给我开药就要收钱了。

D. 你们这些医务人员这么忙，还是先给身体比较胖的人们测吧！

E. 让我当着众人的面儿测血压，多难为情，不好意思。

9. 领导的讲话

某市的一位领导参加全市的县计划生育干部会，临时被邀请上台讲话。因为事先没有做调查研究，也不熟悉市里计划生育的具体情况，所以他只能说些模棱两可、无关痛痒的话。在讲话中他说："在我们市 16 个县中，有的县完成了计划生育指标；有的县没有完成计划生育指标，王家县就没有完成。"在领导讲话时，市计划生育委员会主任手里捏了一把汗，因为领导讲的三句话中有两句都是假的，很后悔临时拉领导来讲话。那么，以下哪项正确表示了该市计划生育工作的实际情况？

    A. 在 16 个县中至少有一个县没有完成计划生育指标。

    B. 在 16 个县中除王家县外还有别的县没有完成计划生育指标。

    C. 在 16 个县中没有一个县没有完成计划生育指标。

    D. 在 16 个县中只有一个县没有完成计划生育指标。

    E. 在 16 个县中只有王家县完成了计划生育指标。

10. 三位股评专家

    王刚、王络与王强三个人都是股评专家，有一次他们正在对三家上市公司明天的股价走势进行预测。王刚说："公司一的股份会有一些上升，但不能期望过高。"王络说："公司二的股价可能下跌，除非公司一的股份上升超过 5%。"王强说："如果公司二的股价上升，公司三的股份也会上升。"这三位股评专家果然厉害，一天后的事实表明他们的预言都对，而且公司三的股份跌了。根据以上所述，以下哪项叙述最可能是那一天股价变动的情况？

    A. 公司一股价提升了 9%，公司二股价提升了 4%。

    B. 公司一股价提升了 7%，公司二股价下跌了 3%。

    C. 公司一股价提升了 4%，公司二股价提升了 2%。

    D. 公司一股价提升了 5%，公司二股价持平。

    E. 公司一股价提升了 2%，公司二股价有所提升。

11. 如何报天气预报

    小小和明明是要好的朋友。小小是学气象的，每天要报天气预报。明明是学哲学的，爱和人辩论。在一个星期六的中午，两人在一块吃完饭，小小急着要走，说要去加班，准备明天的天气预报。明明说："何必着急？报天气预报还不容易。你只要说明天有 50% 的概率降水就行了。如果真的下了雨，你可以说"我预报准确"，因为你说过有 50% 的概率降水；如果明天没有下雨，你也没错，因为你预言有 50% 的概率不降雨。因此，你总是对的。"根据以上的信息，以下哪项论述最科学地指出了明明论断的错误？

A. 一个天气预报员的水平好坏不只是用某一次是否符合天气实际情况来判断的。

B. 明明的说法是不对的。如果明天真的下雨了，只有预报降水概率 100% 才算预报正确，其他预报都不对。

C. 明明的说法有问题。如果明天没有下雨，只有预报降水概率 0% 才算预报正确，其他预报都算错。

D. 明明的说法揭露了报天气预报方式的弊端。用百分率来做天气预报是一种不科学的体现，应该像原来那样，明确地预报有雨或无雨。

E. 使用百分率报天气预报是一种不责任的方法，就像算命先生给人算卦一样，都是些模棱两可的话，让人徘徊于信与不信之间。

12. 导游的游说

在一个比较有名的旅游城市，每年都接待许多中外旅客。在游览风景名胜的路上，导游灵灵总在几个工艺品加工厂停车，劝大家去厂里参观，而且说买不买都没有关系。为此，有些游客常有怨言，但是这种现象还仍然继续着，甚至一年胜似一年。根据以上所述，下列哪一项最不可能是造成以上现象的原因？

A. 虽然有些游客不满意，但还是有许多游客愿意，他们从厂里出来时的笑容就是证据。

B. 一些游客来旅游的一个重要事情就是购物。若是空手回家，家里人会不高兴的。

C. 这个厂家生产的产品直销，质量有保证，价格也便宜，对于游客来说何乐而不为？

D. 所有的游客，他们在经济上都是富裕的，他们只想省时间，不在意商品的价格。

E. 在厂家购物，导游灵灵会得到奖励。当然，奖励的钱是间接地从购物者那里来的。

13. 谁中了标

某市的金城大厦工程建设任务进行招标。有四个建筑公司投标。为方便起见，称它们为公司 A、B、C、D。在标底公布以前，这四个公司的董事长分别做出猜测。A 公司董事长说："我们公司最有可能中标，其他公司不可能。"B 公司董事长说："中标的公司一定出自 B 和 C 两个公司之中。"C 公司董事长说："中标的不是 A 公司就是我们公司。"D 公司董事长说："如果四个公司中必有一个中标，那就非我们莫属了！"当标底公布后得知，四人中只有一个人的预测成真了。在下列判断中哪项最可能为真？

A. A 公司经理猜对了，A 公司中标了。

B. B 公司经理猜对了，C 公司中标了。

C. A 公司和 B 公司的经理都说错了。

D. B 公司和 D 公司的经理都说错了。

E. C 公司和 D 公司的经理都说错了。

14. 钱是什么

生活中有句俗话是："钱不是万能的，没有钱是万万不能的，但发不义之财是绝对不行的"。在下列选项中，除了哪一项，基本表达了上述题干的思想？

①生活中的一些事情不是拥有很多钱就能办到的，例如抗洪抢险的那些英勇战士，他们冒生命危险坚守堤防，不是为了钱才去做的。

②有句话是：有钱能使鬼推磨。世上没有用钱做不成的事。抗洪抢险的战士也是要发工资的。

③对生活中的很多事情来说，没有钱是很难办成事情的。"一分钱急死男子汉"就是这个意思。

④"钱"是身外之物，生带不来，死带不走，钱多了还惹是生非。

⑤有句话是：君子爱财，取之有道。通过合法的手段赚得的钱记载着你的劳动，可以用来帮助你做其他的事情。

A. 只有①。

B. 只有②。

C. 只有①和③。

D. 只有②和④。

E. 只有①、③和⑤。

15. 三种色彩的小球

在一个盒子里面，有 100 个黑、黄、绿三种颜色的小球。

小四说："盒子里至少有一种颜色的球少于 33 个。"

小三说："盒子里至少有一种颜色的球不少于 34 个。"

小五说："盒子里任意两种颜色的球的总数不会超过 99 个。"

综上所述，在下列选项中，哪一项论断是正确的？

A. 小四和小三的说法正确，小五的说法不正确。

B. 小三和小五的说法正确，小四的说法不正确。

C. 小五和小四的说法正确，小三的说法不正确。

D. 小四、小三和小五的说法都不正确。

E. 小四、小三和小五的说法都正确。

16. 猜测原意

"世间万物中，人是第一可宝贵的。"在下列选项中，哪一项最符合这句话的原意？

A. 在我们解决社会自然的问题时，需要考虑很多的条件，其中人的因素最重要。

B. 世间的万物各种各样，异彩纷呈。仅在其中的一万种之中，人是最宝贵的。

C. 因为我是一个人，所以我是最宝贵的。请你们给我最好的工作和最好的待遇吧。

D. 题目中的"人"本意指的就是人类。"你"仅是一个具体的人，不是最宝贵的。

E. 在世间万物中，人类是最高级的生物，其他动物或植物的存在是为人类服务的。

17. 四位大学生

有一所大学，其哲学系的几个学生在谈论文学作品时说起了荷花。小灵说："每年清水池塘荷花开放的几天后，就该期末考试了。"小丽接着说："那就是说每次期末考试前不久清水池塘的荷花已经开过了？"小凡说："我明明看到在期末考试后池塘里有含苞欲放的荷花嘛！"小齐接着小凡的话说："在期末考试前后的一个月中，我每天从清水池塘边走过，可从未见到开放的荷花呵！"这四位学生虽然都没有说假话，但各自的说法好像存在很大的分歧。根据以上信息，下列哪项最能解释其中的原因？

A. 小灵说的荷花开放并非指所有荷花，只要某年期末考试前夕有一枝荷花开放就行了。

B. 正如小凡说的一样，有些年份在期末考试后池塘里有含苞欲放的荷花，这是自然界里的特殊现象，不要大惊小怪。

C. 从去年至今，清水池塘里的水受到严重的污染，荷花不再开了，所以小齐也就不会看到荷花开放了。看来环境治理工作有待加强。

D. 一般来讲，哲学系的学生爱咬文嚼字。可他们今天讨论问题时对一些基本概念还没有弄清楚，比如部分与全体的关系以及对时间范围的界定，等等。

E. 虽然大多数期末考试的时间没有太大的变化，但是有些时候也会变。比如，去年三年级的学生要去实习，期末考试就提前了半个月。

18. 一则广告

有一则广告是这样说的:"中国最好的桔子产于浙江黄岩。在桔子汁饮料的配方中,浙江黄岩蜜桔的含量越高,配制的桔子汁的质量越好。可口甜公司购买的浙江黄岩蜜桔最多,因此,有理由相信,假如你购买了可口甜公司的桔子汁,那么你就会买到中国配制最好的桔子汁。"

在下列选项中,哪一项为真,最能削弱上述广告中的结论?

A. 可口甜公司生产的桔子汁饮料比其他公司多得多,销量也不错。

B. 很多没有经过配制的桔子汁比经过配制的桔子汁饮料要好,当然,价格也贵些。

C. 可口甜公司制造桔子汁的设备与众不同,是 1992 年从德国进口的。

D. 可口甜公司的桔子汁饮料的价格高于大多数竞争对手。

E. 有一些生产厂家根本不用浙江黄岩蜜桔作原料,而是用价格较低的桔子。

19. 哪一项最有支持性

国强石油公司连续两年在全球 500 家最大公司净利润总额的排名中位列第一。之所以取得如此的成就,是因为该公司比其他公司有更多的国际业务。根据以上所述,下列哪项如果为真,则最能支持上述说法?

A. 与国强公司规模相当但国际业务少的石油公司的利润都比该石油公司低。

B. 在过去的时间里,全球 500 家大公司的净利润冠军都是石油公司。

C. 近两年来全球最大的 500 家公司都在努力走向国际化。

D. 近两年来石油和成品油的价格都相当稳定。

E. 国强石油公司是英国和荷兰两国所共同拥有的。

20. 有关吸烟健康的说法

根据世界卫生组织调查显示,70% 的肺癌患者有吸烟史,其中有 80% 的人吸烟的历史多于 10 年。这就说明了吸烟会增加人们患肺癌的概率。根据以上信息,下列哪项最能支持上述论断?

A. 1955 年~ 1970 年间男性吸烟者人数增加较快,女性吸烟者也有增加。

B. 虽然世界各国对吸烟有害这一说法大力宣传,但自 20 世纪 50 年代以来,吸烟者所占的比例还是呈明显的逐年上升的趋势。到 20 世纪 90 年代初期,成人吸烟者占成人总数的 50%。

C. 从来就没有吸烟的人或者戒烟时间超过五年的人数在 1995 年超过了人口总数的 40%。

D. 1999 年,对于未成年吸烟者来说,人数慢慢地增加,成为一个社会难题。

E. 很多医学科研工作者早已用动物实验发现了尼古丁的致癌真相,并从事开发预防药物的研究。

21. 马拉松比赛

我们知道，世界级的马拉松选手每天跑步不少于两个小时，除了在元旦、星期天或得了较严重疾病时不按时跑步，其他时间都是按照常规练习。

如果以上所述为真，以下哪项所描述的人不可能是世界级马拉松选手？

A. 某个选手连续三天每天跑步只需一个半小时，并且没有任何身体不适。

B. 某个选手几乎每天练习吊环。

C. 某个选手在脚伤痊愈的一周里每天跑步至多一小时。

D. 某个选手在某个星期三没有跑步。

E. 某个选手身体瘦高，别人都说他像跳高运动员，他的跳高成绩相当不错。

22. 广告的内容

有一则这样的广告："对咽喉炎患者，有 4/5 的医院都会给开'咽喉康含片'。因此，你如果患了咽喉炎，最佳的选择是'咽喉康含片'。"

以下哪项如果为真，最能对该广告的论点提出质疑？

A. 社会上一些其他的名牌药品，不仅对咽喉炎有较好的疗效，对治疗其他疾病也有益处。

B. 其他一些医院，也给病人开"咽喉康含片"，只是不像广告说的那样频繁。

C."咽喉康含片"的味道有些怪怪的,刚含时有点苦,等一会就变甜了。

D.不难发现,有一些药厂以很低的价格向医院推销药品,甚至采取给回扣等办法进行促销。

23. 调钟表

山上有一座寺院,有一天寺院里的挂钟停了,寺里的一个和尚为了弄清楚时间,只好到山下的施主家去询问,可施主家距离寺院之间的路程却有 *1000* 多米,就算去问了时间,也不能保证回来调的时间是正确的。经过苦思冥想,和尚终于想出了一个绝妙的好办法,果然调整挂钟的时间几乎和正确的时间没有太大的出入。请问,和尚到底采用了什么好办法?

24. 谁在说谎

有这样三位女子,她们分别是天使安琪、恶魔莉娜和凡人伊斯,她们三人都有个习惯,那就是安琪常常说真话;莉娜从来不说真话;伊斯真话和假话都说。如果她们三人有一人说:"我是恶魔"的话,那么,请问:这位女子到底是谁?

25. 谁的预言正确

有 A、B、C 和 D 四位小朋友,他们正在接受培训以便将来当个科学家。一天，他们四个人在预言。

A 预言：B 无论如何也成不了职业舞蹈家。

B 预言：C 将成为当地的科学家。

C 预言：D 不会成为演奏家。

D 预言：自己将来会嫁给一个富豪。

实际上，后来他们之中只有一个人成了科学家，并在当地找到了一个职位。其余三个人，一个当了职业舞蹈家，一个当了思想家，一个当了演奏家。也就是说，他们四个人中只有一个人的预言是正确的，而正是这个人第一个当上了该城市的科学家。那么，你能否判断出他们四个人中谁当了什么？

26. 白纸破案

简虽然是一位盲人，但他也是世界有名的作曲家。他还有一个很好的盲友叫作库尔，音乐家库尔在简住院的时候经常来看他。于是，简在病危的时候，请他的妻子拿来笔和纸以及个人签章，请库尔来做公证人，立下了一份遗嘱：把简一生的财产里的一半捐给残疾人福利机构。他在床头摸索着，把写好的遗嘱装进信封里并把它亲手密封好，然后再郑重地交给库尔。接过遗嘱的库尔，立即专程送到银行的保险箱里保存起来。

一个星期后，简去世了。在他葬礼上，库尔拿出这份遗嘱交到残疾人福利机构的代表手中，但是当这位代表打开的时候，却发现竟是一张白纸，没有什么字。库尔简直无法相信，简亲手写下并密封的，自己亲手接过并且由银行保管的遗嘱竟成了一张白纸！这时，来参加简的葬礼的尼克探长拿过来看了看，说："这份遗嘱在法律上是有效的！"众人都疑惑地看着他，你知道尼克探长为什么说有效吗？

27. 新郎与新娘

在一条街上住了王大妈一家，王大妈有三个儿子，分别叫大毛、二毛和三毛。而住在他们隔壁的是春香、秋香和冬香一家。他们彼此都有喜欢的对象，于是三对恋人决定一起结婚。你问他们的对象是哪个，他们却因为害羞而故意讲错自己的新娘、新郎。

①大毛说：我要和春香结婚；

②春香说：我要跟三毛结婚；

③三毛说：我要跟秋香结婚。

请问，谁是谁的新娘？

28. 谁是男性谁是女性

张强夫妇有七个孩子，从老大到老七分别为甲、乙、丙、丁、戊、己、庚。现在，他们兄妹七人的情况如下：

①甲有三个妹妹；

②乙有一个哥哥；

③丙是女的，她有两个妹妹；

④丁有两个弟弟；

⑤戊有两个姐姐；

⑥己也是个女的，但她和庚没有妹妹。

根据这些条件，你能推算出他们兄妹七人谁是男性，谁是女性吗？

29. 如何安排座位

在一次国际医学研讨会上，来自四个国家的五位代表被安排坐一张圆桌上。为了使这些专家能够自由交谈，负责人在事前了解了以下情况：甲是中国人，还会说英语；乙是法国人，还会说日语；丙是英国人，还会说法语；丁是日本人，还会说汉语；戊是法国人，不会说德语。知道上述情况以后，负责人开始苦思如何安排他们的座位。

请问：你能帮助负责人安排一下这些代表的座位吗？

30. 学术会议

有一个学术会议正在举行分组会议，其中某一组有8人出席。分组会主席问大家原来各自认识与否。结果是全组中仅有一个人认识小组中的三个人，有三个人认识小组中的两个人，有四个人认识小组中的一个人。如果一组的说法都是真实的，那么最能得出以下哪项结论？

A. 分组会主席认识小组的人最多，其他人相互认识的少。

B. 这类学术会议是首次召开，大家都是生面孔。

C. 会议小组中，有一些成员所说的认识可能是仅在电视上或报告会上见过而已。

D. 虽然说会议中以前的熟人不多，但原来认识的都是至交。

E. 通过本次会议，小组成员都互相认识了，以后见面就能直呼其名了。

31. 保护森林

近几年来，在我国许多城市的餐厅中都使用一次性筷子，然而这种现象受到越来越多人的批评。社会上的很多资源环境工作者呼吁：为了保护森林资源，让山变绿、水变清，要坚决禁止使用一次性筷子！根据以上信息，以下除哪一项外，都从不同方面对批评者的观点提供了支持？

A. 由于我国的森林资源特别缺乏，如果把很多大好的木材用来做一次性筷子，实在是莫大的浪费。

B. 1998 年发生的特大洪水灾难造成的损失既与气候有关，也与多年的滥砍滥伐有很大关系。

C. 森林与各种各样的绿色植被对涵养水分、调节气候、防止水土流失具有不可替代的作用。

D. 禁止使用一次性筷不仅要有力度地宣传，还要制定相应的法规，建立完善的监督机制。

E. 要保护我们的森林，只保不用这是错误的保护措施。只有合理使用，适量地采伐，发展林区经济，才能促进保护。

32. 一种药物

目前社会上存在一种对许多传染病十分有疗效的药物，这种药物只能从一种叫斯比乐的树皮中提取。而这种树在自然界很稀少，5000 棵树的皮才能提取 1 公斤药物。因此，如果不停地生产这种药物将不可避免地导致该种植物的灭绝。根据以上所述，以下哪项为真，则最能削弱上述论点？

A. 把从斯比乐树皮上提取的药物通过一个权威机构发放给医生。

B. 从斯比乐树皮提取药物生产成本很高。

C. 斯比乐的叶子在多种医学制品中都有使用。

D. 斯比乐可以通过插枝繁衍人工培育。

E. 斯比乐主要生长在人迹罕至的地区。

33. 谁在后面，谁在前面

A、B、C、D、E、F六个人排成一排在进行一项训练。F没有排在最后，而且他和最后一个人之间还有两个人；E不是最后一个人；在 A 的前面至少还有四个人，但他没有排在最后；D 没有排在第一位，但他前后至少还有两个人；C 没有排在最前面，也没有排在最后。

请问：他们六个人的前后顺序是怎么排的？

34. 这是什么金属

小红，小明和小亮三个人拿着一块金属，分析它是由什么金属构成的。

小红说："这不是铁，这是锡。"

小明说："不对，是铁不是锡。"

小亮说："这不是铁也不是铜。"

三人各执一词，最后他们一起去问一位物理老师。老师听了以后说："你们三人中有一个人的两个判断都不正确，有一个人的两个判断只有一个正确，有一个人的两个判断都正确。"听完之后，三个人终于明白这是一块什么金属了，现在你知道了吗？

35. 谁去了美国

如果小达和小丝不去美国，那么小尤去纽约以此为前提，再加上下列的哪个条件，就可以得出小达去美国的结论？

A. 小尤去纽约，小丝不去美国。

B. 小尤不去纽约，小丝去美国。

C. 小丝不去美国。

D. 小丝不去美国，小尤不去纽约。

E. 小尤不去纽约。

36. 卡片之谜

在一家大型购物广场里，正在举行购物促销活动——你买的任何一张票上，都有一定数量的正方形可以刮掉。其中一个正方形上写着"继续努力"，另外还有两个圆内上画着相同的图案，如果这两个图案比"失败者"先出现，你就有机会赢取奖金了。当然，在此活动中，你拿不到奖金的几率是 2：1。

那么，请问：卡片上一共有多少个正方形，才能让你赢取奖金？

37. 招侦察员

有一次，侦察部队想招收一名侦察员，他们决定先进行考试。其考试的方法是：凡是参加报考的人都关在一间条件较好的房间里，每天有人按时送水送饭，门口有专人看守。谁先从房间里出去，考试就算过关。有人说头疼要去医院，守门人请来了医生；有人说母亲病重，要回去照顾，守门人用电话联系母亲。其他人也提了不少理由，守门人就是不让他们出去。最后有个人告诉了守门人一句话，守门人就放他出去了。请问，这个人说的是什么？

38. 九死一生

很久很久以前，有一位小伙子被人诬陷，小伙子据理力争，县官因为已经接受别人的贿赂，不肯放人，但又找不到理由，就出了个坏主意。叫下人拿来十张纸条，对小伙子说："这里有十张纸条，其中有九张写的'死'，一张写的'生'，你摸一张，如果是'生'，立即放你回去，如果是'死'，就怪你命不好，怨不得别人。"聪明的小伙子已经想到了这张纸条上写的都是"死"，不管自己抓哪一张都一样。于是他想了个想死都不能死的办法，结果小伙子被放了出来。那么，你知道他想的什么办法吗？

39. 猜猜谁买了什么车

吉米、瑞恩、汤姆斯刚新买了汽车，汽车的牌子分别是奔驰、本田和皇冠。他们一起来到朋友杰克家里，让杰克猜猜他们三人各买的是什么牌子的车。杰克猜道："吉米买的是奔驰车，汤姆斯买的肯定不是皇冠车，瑞恩买的自然不会是奔驰车。"很可惜，杰克的几种猜测，只有一种是正确的，你知道他们各自买了什么牌子的车吗？

40.两人的扑克牌推理

M、N 两人在面试时碰到了这样的题目：

他们被告知抽屉里的扑克牌共 16 张，这 16 张牌分别是：

红桃 A、Q、4；黑桃 J、8、4、2、7、3；草花 K、Q、5、4、6；

方块 A、5；

王老师从中抽出一张牌来，把点数告诉 M 先生，把花色告诉 N 先生。

这时，王老师问 M 和 N：你们能推知这张牌是什么吗？

M："我不知道。"

N："我知道你不知道。"

M："现在我知道了。"

N："我也知道了。"

请问：这张牌是什么？请你说出为什么。

41.九枚硬币

一天，小芳和小珊又聚在了一起，为了打发无聊的时间，两人商量着玩智力思维的游戏。可是玩什么好呢？这时，正好有一个老人走了过来，对她们说："我这里有 9 枚硬币，你们两人轮流从中取走若干枚，最后取硬币的那个人就算赢了，我这 9 枚硬币也就是她的了。游戏规则是：每人每次至少取 1 枚，至多取 5 枚，"两个人听后，都开心得跳了起来，心中对赢得这些硬币是信心十足。如果是你的话，怎样拿才能保证自己稳赢不输呢？

42. 有几个天使

有一天，一个旅行家在深山中行走，突然出现了三个美女，分别为 A、B、C，她们要他判断她们之中有几个天使。可是他实在不知道哪个是天使，哪个是魔鬼。在他的心目中，天使常常说真话，而魔鬼则只会说假话。

A 说："在 B 和 C 之间，至少有一个是天使。"

B 说："在 C 和 A 之间，至少有一个是魔鬼。"

C 说："我告诉你正确的答案吧。"

那么，你能从她们的话中，判断有几个天使吗？

43. 他到底在哪里画画

小吴出差回去，正在对同事小张讲他在外的所见所闻。他说："乘火车时，看到一个青年在火车上画画，那真有水平呢！"小张十分惊讶地说到："真的！？火车开起来，颤动得那么厉害，他竟能在车上画画？"

"是呀！你看人家这就是水平嘛！"

"列车员也不制止？"

"在火车上画画是好事，列车员为什么要制止呢？"

"怎么会！旅客在火车上想画就画，怎么还是好事呢？那如果以后大家都在火车上画画，整个火车车厢不就会被画得乱七八糟了吗？"

"哎呀！你说到哪里去了？也真奇怪！我什么时候说过人们可以在车厢上到处画画啊？"

"你不是刚刚才说过吗？你说有个青年在火车上画画，而且还夸人家水平高呢！而火车正开着，要在火车上画画，只能在车厢上画，不然还能在哪里画呢？"小张不满地反驳说。而小吴也无可奈何地回答到："反正我是说他在火车上画画，不是说他在车厢上画画。"真是说不清，就这样，他们两个都对对方的说法感到奇怪，但是，谁也说服不了谁。

请问聪明的你，能说清楚这是为什么吗？

44. 入学成绩

去年在师范学院入学考试的五门课程中，杨小和张丽只有数学成绩相同，其他的成绩互有高低，但他们所有课程的分数都在 60 分以上。学校录取的时候，只能比较他们的总成绩了。在下列的选项中，如果哪一项为真，能使你判断出杨小的总成绩高于张丽？

A. 杨小的最低分是数学，而张丽的最低分是英语。

B. 杨小的最高分比张丽的最高分要高。

C. 杨小的最低分比张丽的最低分高。

D. 杨小的最低分比张丽的两门课程分别的成绩高。

E. 杨小的最低分比张丽的平均成绩高。

45. 她懂什么语言

丽华并非既懂英语又懂法语。如果上述断定为真，那么下述哪项断定必定为真？

    A. 丽华懂英语但不懂法语。

    B. 丽华懂法语但不懂英语。

    C. 丽华既不懂英语也不懂法语。

    D. 如果丽华懂英语，那么她一定不懂法语。

    E. 如果丽华不懂法语，那么她一定懂英语。

46. 被救出的姑娘们

有一个行侠仗义的英雄，在某年的某一个月里分别从坏人的魔爪里救出3个女子。已知：

①被救的分别是忆甜，农场的姑娘，从坏东手里救出来的姑娘3人。

②莉莉安不是书店的姑娘，思思也不是猎户家的姑娘。

③从坏东手里救出来的不是商户家的女子。

④从坏西身上被救出来的不是莉莉安。

⑤从坏东手里被救的不是思思。

◎女子名字：莉莉安、忆甜、思思。

◎三名女子分别来自：商户家的、医术世家的、猎户家的。

◎坏人：坏东、坏南、坏西。

请问：这三名女子分别是哪里来的姑娘？英雄又是从哪个坏人手里救出她们的呢？

47. 可怜的老人

在从前，一个老人有五个儿子，他们个个都已成家立业了，而老人也渐渐老了，所以他就想着让他最有钱的儿子给他一笔赡养费。他不知道哪个儿子有钱，但是老人清楚地知道，兄弟之间彼此知道底细。有钱的说的都是假话，没钱的才都说真话。一日，他把他的五个儿子叫到他的面前说明了此事。

老大一听完就说："老三说过：我的四个兄弟中，恰有一个有钱。"

老二也不落其后的说："老五说过：我的四个兄弟中，恰有两个有钱。"

紧接着老三也说："老四说过：我们兄弟五个都没钱。"

老四非常不平地说："老大和老二都有钱。"

老五最后也说："老三有钱，另外老大承认过他有钱。"

请问：你能帮老人分析一下，他的五个儿子中究竟谁有钱？谁没钱？

48. 何时入住

红叶、黄莺、蓝莲、橙佳4人，是远道而来的游客，上个月分别在不同时间入住海边的休闲旅馆，又在不同的时间分别退了房。已知：

①滞留时间最短的是红叶，最长的是橙佳。而且，黄莺和蓝莲的滞留时间相同。

②橙佳不是8日离开的。

③橙佳入住的那天，蓝莲已经住在那里了。

◎入住：1日、2日、3日、4日。

◎离开：5日、6日、7日、8日。

请问：你能推算出她们四人分别是哪天入住又是哪天离开的吗？

43

49. 医生和护士

　　某人是在市内某著名医院工作，医院里所有的医生和护士包括他在内，总共有 16 人。以下是该医院所有医护人员构成情况：

　　①护士多于医生；

　　②男医生多于女护士；

　　③男护士多于女医生；

　　④至少有一位女医生。

　　你能推测出这个人的性别和职务是分别是什么吗？

50. 愚弄人

　　在生活中，你可以随时愚弄一些人。如果这句话为真，那么以下哪些判断必然为真？

　　①小马和小杨随时都可能被你愚弄。

　　②你随时都想愚弄别人。

　　③你随时都有可能愚弄别人。

　　④你只能在一定的时候愚弄别人。

　　⑤你无时无刻都在愚弄别人。

　　A. 只有③

　　B. 只有②

　　C. 只有①和③

　　D. 只有②、③和④

E. 只有①、③和⑤

51. 闹钟之谜

赵阳居住的大街上有一个大钟，赵阳每日都要将自己的闹钟按照大钟上所显示的时间校对一遍。通常情况下，两个钟上的时间是一样的。但有一天早上，发生了一件奇怪的事情，赵阳发现他的闹钟显示为差 5 分钟到 9 点；1 分钟后显示为差 4 分钟到 9 点；但再过 2 分钟后，仍显示为差 4 分钟到 9 点；又过了 1 分钟，闹钟则显示为差 5 分钟到 9 点。他感觉非常奇怪，一直到了 9 点，赵阳才恍然大悟。

请问：你能推断出是什么原因吗？

52. 冰与水

在我们很小的时候，就明白了"热胀冷缩"的道理，但是有一种很特别的物质却并不遵循这个道理，那就是水，有时候它是"冷胀热缩"。但经过多次的实验得出结论：当水结成冰时，其体积会增长 1/11，以这个为参考，你知道如果冰融化成水时，其体积会减少多少吗？

53. 几与第几

龟兔赛跑结束后，兔子觉得自己很吃亏，于是又找到了乌龟要求以后要集体参加比赛，乌龟同意了。这天 A、B、C、D 这 4 只乌

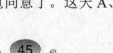

龟为下一次的比赛做准备，正在商量的时候，兔子经过此地，于是，听到了他们的谈话。听完他回去就把谈话告诉了其他的兔子。

在上次的比赛中，名次在后的乌龟说了假话，名次在前的乌龟说是真话；没有并列第一的情况，这次也没有这种情况；其中C乌龟没得第一名。

A：B乌龟上次得了第二名；

B：C乌龟在这次比赛中是第二名；

C：D乌龟这次的名次比上次要好；

D：A乌龟这次名次也好了。

看完兔子的叙述，你能替它算出这些乌龟在这两次的比赛名次吗？

54. 四个小球

有四个从外表上看起来没有区别的小球，它们的重量也许不一定相同。现在取一个天平，将A、B归为一组，C、D归为另一组，分别放在大平的两边，天平是基本平衡的。将B和D对调一下，A、D一边明显地要比B、C一边重得多。可奇怪的是，我们在天平一边放上A、C，而另一边刚放上B，还没有来得及放上D时，天平就压向了B一边。请你判断，这四个球中由重到轻的顺序是什么？

① D、B、A、C。

② D、B、C、A。

③ B、C、D、A。

④ B、A、D、C。

⑤ B、D、A、C。

55. 电话号码

虽然电话现在越来越普遍，但是号码却成了一个问题。于是管理人员想了一个办法，把只有 4 位数的区号变一变，这样既解决了问题，又容易记得住。

这天，张阿姨来管理处来领取自己家的新号码，当她拿到新号码后，觉得非常不错，因为旧号码倒过来写正好是新号码，而且新号码正好是原来号码的 4 倍。张阿姨刚回到家，女儿就问他新号码是什么，张阿姨就按刚才的规律给女儿又说了一遍。女儿听完，只说了句明白了就走开了。

你能按张阿姨所说的规律，得出她女儿所知道的新的号码是什么吗？

56. 副司机姓什么

一列火车在深夜里呼呼地行驶着，车上的三位乘客分别根据他们的姓氏叫做老张、老陈和老孙，巧的是，这列火车的司机、副司机、司炉恰好和这三位乘客的姓一样，现在知道：

①乘客老陈家住天津；

②乘客老张是位工人，已经参加工作 20 年了；

③副司机家住在北京和天津之间；

④乘客老孙经常在车上和司炉下棋；

⑤这三位乘客中有一个是副司机的隔壁邻居，副司机的这位邻

47

居是位老工人，他的工龄恰好是副司机的三倍；

⑥三位乘客中，有一位与副司机同姓的乘客家住北京；

根据上面的情况，你能推断副司机姓什么吗？

57. 考试成绩

如果小晴考试及格了，那么小华、小旭和小沈肯定也都及格了。如果上述断定是真的，那么，以下哪项也是真的？

A. 如果小晴考试没有及格，那么小华、小旭、小沈三人中至少有一人没有及格。

B. 如果小晴考试没有及格，那么小华、小旭、小沈三人都没及格。

C. 如果小华、小旭、小沈考试都及格了，那么小晴的成绩也肯定及格了。

D. 如果小沈的成绩没有及格，那么小华和小旭不会都考及格。

E. 如果小旭的成绩没有及格，那么小晴和小沈不会都考及格。

58. 猫抓老鼠

周伯伯家储存着大量的粮食，他每天都担心粮食储存的不够安全，所以每天都会去看一看。终于有一天，周伯伯的担心成了事实，他发现在粮食的周围有很多老鼠出没，所以就养了几只猫，专门对付这些偷吃粮食的老鼠。

养了猫后，粮食自然是安全了很多。猫每天都在粮食的周围逗留。一次，一只猫发现了离它只有 10 步之远的地方有一只飞跑着的老鼠，便马上去抓了。因为大小不一，老鼠跑 9 步的距离与猫跑 5 步的距离一样；但老鼠要比猫灵活的多，猫跑 2 步的时间，老鼠能跑 3 步。

照这样的速度，你认为猫可以抓到老鼠吗？如果可以，它要跑多少步呢？

59. 谁送的礼品

在一个乡镇里，有五个爱喝酒的人，并且嗜酒如命。因此，他们每人便得了一个与酒有关的绰号，分别是"威士忌""鸡尾酒""茅台""伏特加""白兰地"。圣诞节到了，他们之中的每一个人，都向其他四个人分别送了一瓶酒。其中，没有人赠送的是相同的礼品；每一件礼品都是他们中某个人的绰号所表示的酒；没有人赠送或收到的礼品是他自己的绰号所表示的酒。"茅台"先生送给"白兰地"先生的是鸡尾酒；收到白兰地酒的先生把威士忌酒送给了"茅台"先生；其绰号和"鸡尾酒"先生所送的礼品名称相同的先生把自己的礼品送给了"威士忌"先生。

请问："鸡尾酒"先生所收到的礼品是谁送的？

60. 多余条件

玲玲去做公交车，路上他无聊就数了数公交车上有 14 个人，到了一站后，下去了 3 个人，上来了 5 个人。过了一会儿，又下去了 7 个人，上来了 8 个人。很快又到了一站，这次有 11 人下车，上来了 2 个人。车上的人现在很少了，又过了一站后，又上来 5 个人，没有人下车。下一站没有人下车，也没有人上车。很快，公交车就开到了终点站。

现在你知道从玲玲上了公交车后带最后一站一共停了几站吗？

61. 考试结果

在一所学校的财务管理课期终考试之后，班长杨凡想从老师那里打听成绩。杨凡说："老师，这次考试不太难，我估计我们班同学的成绩都在 80 分以上吧"。老师却说："你的前半句话不错，后半句话不对。"根据老师的意思，下列哪项必为事实？

A. 大部分同学的成绩在 80 分以上，只有少数同学的成绩在 70 分以下。

B. 有些同学的成绩在 80 分以上，有些同学的成绩在 80 分以下。

C. 研究生的课程成绩考到 80 分才算及格，肯定有的同学成绩不及格。

D. 这次考试太不容易，多数同学的考试成绩不理想。

E. 这次考试非常容易，全班同学的考试成绩都在 90 分以上。

62. 野鸡蛋的故事

四个旅游家（张虹、印玉、东晴、西雨）去不同的岛屿旅行，每个人都在岛上发现了野鸡蛋（1 个到 3 个）。4 人的年龄各不相同，是 18 岁～21 岁。已知：

①东晴是 18 岁。

②印玉去了 A 岛。

③21 岁的女孩子发现的蛋的数量比去 A 岛女孩的多 1 个。

④19 岁的女孩子发现的蛋的数量比去 B 岛女孩的多 1 个。

⑤张虹发现的蛋和 C 岛的蛋之中，有一方是 *2* 个。

⑥D 岛的蛋比西雨的蛋要多 *2* 个。

请问：张虹、印玉、东晴、西雨分别是多少岁？她们分别在哪个岛屿上发现了多少野鸡蛋？

63. 亲兄弟

在北京一个大杂院里，分别住着四户人家，并且每家各有两个男孩。在这四对亲兄弟中，哥哥分别是日、月、水、火，弟弟分别是 A、B、C、D。一次，有位过路人看到这几个孩子正在一起玩耍，便上前问道："你们谁和谁是亲兄弟呀？"

他们的回答分别是：

月说："水的弟弟是 D。"

水说："火的弟弟不是 C。"

日说："月的弟弟不是 A。"

火说："他们三个人中，只有 D 的哥哥说了实话。"火的话是可信的，听完他们的话，过路人想了好半天也没有想出到底谁和谁是亲兄弟。聪明的朋友，你能帮他想一想吗？

64. 分马

古时候有一个老财主，他知道自己将不久于人世，便交给他的三个儿子一份事先拟好的遗嘱。遗嘱上说要将财主的 *17* 匹骏马分别分给三个儿子，大儿子将得到二分之一，二儿子得到三分之一，最小的儿子则得到九分之一。三个儿子这下可犯了难，无论怎么分都分不

51

好，实在没有办法，便将他们的一位邻居请过来帮忙。老邻居看了遗嘱之后仔细地推敲了一番，然后很快就给他们分好了，三个儿子对结果都很满意。请问，老邻居是如何分配的？

65. 谁的分配最符合

某公安机关要从代号为赵、王、孙、李、钱、刘六个侦查员中挑选若干人去破案，人选的配备要求必须满足以下几点要求：

①赵、王两人中至少去一人。

②赵、李不能一起。

③赵、钱、刘三人中要派两人去。

④王、孙两人都去或都不去。

⑤孙、李两人中去一人。

⑥若李不去，则钱也不去。

公安机关把人选的配备问题交给了甲、乙、丙、丁四个人，以下是四个人的分配方法：

甲：挑了赵、王、刘三人去。

乙：挑了赵、王、孙、刘四人去。

丙：挑了王、孙、钱三人去。

丁：挑了王、孙、李、钱四人去。

请问：甲、乙、丙、丁四个人中，谁的分配方法最符合要求？

66. 得与失

一天下午，珠宝店进来一位贵太太，当她把珠宝店中的珠宝全部看了一遍后，终于决定要买一颗价值为 800 元的乳白色珍珠。付钱时，她给了老板一张 1 000 元的支票。老板此时找不开钱，只好到对面的大商店中去换钱。等他兑换回来后，找给这位太太 200 元。

到了晚上，珠宝店老板计算今天的利润时，对面大商店老板来找他，因为发现今天他拿的那张支票是空头支票，珠宝店老板无奈之下，赔给了商店老板 1 000 元钱。现在，你知道珠宝店老板在这笔生意上是赚了还是赔了，如果赔了他赔了多少呢？

67. 领导的疑惑

张、王、赵、李四位同事中有一位同事为灾区捐了 2 000 元，当四位同事的领导询问时，他们分别是这样回答的：

张：这 2 000 元不是我捐的。

王：这 2 000 元是李捐的。

赵：这 2 000 元是王捐的。

李：这 2 000 元不是我捐的。

这四人中只有一个人所言属实，你可以帮领导判断出是谁捐的 2 000 元吗？

68. 谁被隔开了

一日，王维夫妇邀请了他们的邻居——三对夫妇来家里吃饭。他们分别是甲夫妇、乙夫妇、丙夫妇。在用餐时，他们八人坐在一张圆桌旁，且只有一对夫妇是被隔开的，现已知：

A：王维太太对面的人是坐在甲先生左边的先生。

B：坐在丙先生对面的女士的右边是乙太太。

C：王维先生左边第二个位置上坐的女士的对面也坐着一位女士，而她的左边则是丙先生。

请问：在用餐时哪对夫妇被隔开了？

69. 密码的学问

密码里面含有高深的学问，这里有一种密码只由 A、B、C、D、E 字母组成，而且密码的字母由左至右写成。下面是在一系列的条件下，只有完全满足的才能组成密码：

①每个密码最短是由两个字母组成，可以重复。

②如果一旦 B 字母在某一密码文字中出现，那么 B 这个字母就得在这一密码中出现两次以上。

③C 不可做最后一个字母，也不可做倒数第二个字母。

④如果这个密码文字中有 A，那么一定有 D。

⑤除非这个密码文字中有 B，否则 E 不可能是最后一个字母。

问题是：

A. 如果某一种密码只有字母 A、B、C 可用，且每组密码只能由两个字母组成，那么可组成密码文字的总数是几？

a.1；b.3；c.6；d.9；e.12

B. 下面给出的五组密码中，有一组是错误的，但是只要改变字母的顺序，它就可以变成一个密码文字。你知道是哪一组，怎么改吗？

a.BBCDE；b.BBBAD；c.CADED；d.DABCB；e.ECCBB。

70. 拿纸牌

一位老师有两个推理能力较强的学生，为了考验他们，老师就告诉学生他手里有以下牌：

黑桃：4，5，6，7，Q，K

红心：4，6，7，8，Q

梅花：3，8，J，Q

方块：2，3，9

然后从中拿出一张牌，告诉学生甲这张牌的大小，告诉学生乙这张牌的花色。

甲：我不知道这张是什么牌。

乙：我也不知道这张是什么牌。

甲：现在我们可以知道了。

请问：这张是什么牌？

71. 解密码

下列数字密码中，每个字母只代表一个独一无二的数字，而且符合下列条件：

①任何一列中，最左边的数字不可为"0"；

②字母与数字为一对一对应，即假设 M 代表"3"，则所有的 M 都为"3"，而且其他字母皆不可为"3"。

$$
\begin{array}{r}
  S E N D \\
+ M O R E \\
\hline
M O N E Y
\end{array}
$$

请问：解码后，DESMOND 代表什么数字

72. 取其精华

古书店里有一本十分精彩的书，共 200 页。A 先生买下了它，观看时，A 先生首先把他感兴趣的第 3 页到第 12 页共 10 页纸拆了下来，剩下的就是 190 页。随后，他将第 56 页到第 75 页共 20 页纸拆了下来。

请问：这本书还剩下多少页？

73. 卖鸡蛋

大诗人贝涅吉克托夫是第一部俄文数学动脑筋题目文集的作者。有人根据这道题本身所提供的某些"信息"，确定了这道题的创作年份是 1869 年，而手稿中并未注明这个年份。下面把这位诗人以小说的形式写成了一道题目介绍给读者，原题叫作"怪题巧解"。

一次，一个以贩卖鸡蛋为生的妇人，派她的三个女儿到市场上去出售 90 个鸡蛋。她给了最聪明的大女儿 10 个鸡蛋，给了二女儿 30 个鸡蛋，给了小女儿 50 个鸡蛋，对她们说：

"你们先商量一下，定好价钱以后，就要始终坚持同样的价格，不能让步。但我希望老大能运用她的智慧，即使按照你们事先商定的价钱，她卖掉自己的 10 个鸡蛋所得的钱，同老二卖掉 30 个鸡蛋所得的钱一样多，并且帮助二妹把 30 个鸡蛋卖掉，所得的钱还要同三妹卖掉 50 个鸡蛋所得的钱一样多。你们三个人的进价和售价都必须彼此相同。

另外，我希望你们卖出的价钱，每 10 个蛋不能少于 10 分钱，总共 90 个鸡蛋不少于 90 分，也就是 30 个阿尔登。

请读者思考一下：三位姑娘是怎样完成她们的任务的呢？

74."15 点"的游戏

乡村庙会开始了，今年搞了一种叫作"15 点"的游戏。

艺人卡尼先生说："来吧，老乡们。规则很简单，我们只要把硬币轮流放在 1 到 9 这几个数字上，谁先放都一样。你们放镍币，我放银元，谁首先把加起来为 15 的三个不同数字盖住，那么桌上的钱就全数归他。"

我们先看一下游戏的过程：某妇人先放，她把镍币放在 7 上，因为将 7 盖住了，其他人就不可以再放到 7 上了。其他一些数字也是如此。

卡尼把一块银元放在 8 上。

妇人第二次把镍币放在 2 上，这样她以为下一轮再用一枚镍币放在 6 上就可加为 15。但艺人把银元放在了 6 上，堵住了夫人的路。现在，卡尼只要在下一轮把银元放在 1 上就可获胜了。

妇人看到了这一威胁，便把镍币放在了 1 上。

卡尼先生下一轮笑嘻嘻地把银元放到了 4 上。妇人看到卡尼下一次放到 5 上便赢了，就不得不再次堵住他的路，她把一枚镍币放在了 5 上。

但是卡尼先生却把银元放在了 3 上，因为 8 + 4 + 3 = 15，所以他赢了，可怜的妇人输掉了这 4 枚镍币。

该镇的镇长先生被这种游戏迷住，他断定是卡尼先生用了一种秘密的方法，使他比赛时怎么也不会输掉，除非他不想赢。

镇长彻夜未眠，想研究出这一秘密的方法。

突然他从床上跳了下来："啊哈！我早知道那人有个秘密方法，我现在晓得他是怎么做的了。真的，顾客是没有办法赢的。"

这位镇长找到了什么窍门？你能发现怎么和朋友们玩这种"15点"游戏而不会输的方法吗？

75. 停电点蜡烛

沈尧芳家的电灯突然熄灭，原来是停电了。她点上事先准备好的两支蜡烛继续复习功课，直到又来了电。现已知：

①两支蜡烛长度一样，但粗细不同；

②粗蜡烛可点 5 小时，细蜡烛只能点 4 小时；

③到又来电时，一支蜡烛头是另一支蜡烛头的 4 倍。

请问：停电的时间（即蜡烛的燃烧时间）究竟是多少？

76. 棘手的盗窃案

一天清晨，人们发现一家商店的保险柜被撬，夜里守店的老头被杀后，被抛入河中。尸体打捞上来后，一个警察在死者衣袋里发现了一块走时很精准的高级怀表，但已停止运行。无疑，表针所指示的时间是一个非常重要的线索。可是，警察不小心竟把怀表的指针拨弄了几圈。侦探长问他是否记得拨弄前时针所指示的地方？警察说："具体时间没有细看，但有一点我印象十分深刻，就是时针和分针正好重叠在一起，而秒针却停留在一个有斑点的地方。"侦探长看了看怀表，表面有斑点的地方是 49 秒。他马上拿出纸计算了一下，很快就确定了尸体抛入河中的确切时间，从而缩小了破案范围，很快抓到了凶手。你知道怀表指针停在什么时刻吗？

77. 奇数和偶数

活动课上，黑熊老师笑着对大家说："我们来做个游戏，好不好？"

"好！"小动物们齐声回答。

"请你们每位准备两张小纸条。"黑熊老师清了清嗓子说。

小动物们不知道黑熊老师要做什么游戏，一个个兴奋得眼睛发亮，很快就把小纸条准备好了。

黑熊老师环视一下小动物们，说："请你们在两张小纸条上分别写一个奇数和一个偶数，写好后，两手各握一张。不要给我也不要让你身边的同学看见。"

小动物们不久前刚学过关于奇数和偶数的知识，不一会儿，大家都完成了黑熊老师提出的要求。

"听着，"黑熊老师一字一句清晰地说道："你们各位都请将右手中的数乘 2，左手中的数乘 3，再把乘积相加，不要算出声音来。"

等小动物们一个个都算好了，黑熊老师又叫算出得数是奇数的小动物们排成一队，得数是偶数的排成一队。

小动物们都站好了，一个个高兴地看着黑熊老师，猜测着老师下一步要它们做什么。

"好了！"黑熊老师指着得数是奇数的那排小动物说，"你们左手握的都是奇数。"

它又指着另一排小动物说："你们左手握的都是偶数。"

两排小动物摊开手掌一看，可不是，黑熊老师猜得完全正确。

小动物们惊讶极了，忍不住纷纷问道："老师，您是怎么知道的？"

78. 有名的牛吃草的问题

牛顿的名著《一般算术》中，还编有一道很有名的题目，即牛在牧场上吃草的题目，以后人们就把这种应用题叫作牛顿问题。

"有一片牧场的草，如果放牧 27 头牛，则 6 个星期可以把草吃光；如果放牧 23 头牛，则 9 个星期可以把草吃光；如果放牧 21 头牛，问几个星期可以把草吃光？"

解答这道题时，我们假定牧草上的草各处都一样密，草长得一样快，并且每头牛每星期的吃草量也相同。

你会解这道题吗？

79. 五种颜色的铅笔

有红、黄、蓝、绿、白五种颜色的铅笔，每两种颜色的铅笔为一组，最多可以搭配成不重复的几组？

80. 怎样分宝石

5 个海盗抢到了 100 颗宝石，每一颗都一样的大小和价值连城。他们决定这么分：

①抽签决定自己的号码（1，2，3，4，5）。

②首先，由1号提出分配方案，然后5人进行表决，当达到半数和超过半数的人同意时，按照他的提案进行分配，否则将被扔入大海喂鲨鱼。

③然后，就由2号提出分配方案，4人进行表决，当达到半数和超过半数的人同意时，按照他的提案进行分配，否则将被扔入大海喂鲨鱼。

④以次类推……

条件：每个海盗都是很聪明的人，都能很理智的判断得失，从而做出选择。

问题：第一个海盗提出怎样的分配方案才能使自己的收益最大化。

81. 当车

某人驾了一辆名车到了B城，他跑进一家当铺，问当铺老板："我要当20块钱。"

"你用什么来当？"当铺老板问。

这人指着停在外面的那辆车："这是车子的证书，这是车子的钥匙。"

3天之后，他跑去了当铺，交回20块钱，另交了5块钱作利息。

当他走出门口时，当铺老板忍不住问道："你们这种有钱人，难道还缺20块钱？"

那人回答以后，老板啼笑皆非。

试问，那人是怎样回答的呢？

82. 钟声

小明家离火车站很近，他每天都可以根据车站大楼的钟声起床。车站大楼的钟，每敲响一下延时 *3* 秒，间隔 *1* 秒后再敲第二下。

假如从第一下钟声响起，小明就醒了，那么到小明确切判断出已是清晨 *6* 点，前后共经过了几秒钟？

83. 兔子的繁殖

意大利著名的《算盘》一书中，记载了一个有趣的兔子问题：已知，一对兔子每一个月可以生一对小兔子，而一对兔子生下后第二个月也开始生小兔子。那么，从刚出生的一对兔子开始算起，满一年时可以繁殖出多少对兔子呢？

84. 谁是小偷

早已过了熄灯时间，某大学的校园里一片寂静。

突然，从女生宿舍楼里发出了一阵叫喊声："抓贼！抓贼！"

夜色朦胧的校园里，一个黑影从女生宿舍的一个窗口跃出，窜上一条小路飞奔而去。这时，又有一个黑影在后面紧追不舍。

男生们纷纷赶来追捕小偷，在离女生宿舍楼西南方二三百米的大草坪上，有两个人扭成一团，又踢又打。大家一齐围了上去，两个人都松开了手。甲说："他被我抓住了！"乙说："他被我抓住了！"甲说:"你颠倒是非!"乙说:"你倒打一耙!"

两个人争得面红耳赤,令人难辨真伪。到底谁是小偷?两个人穿着同样的夹克衫,长得差不多一样高的个头,没有第三个人证明刚才他们在干什么,在场的女同学也无法辨认刚才在黑暗中行窃的究竟是哪一个。但事实摆在面前:两个人当中肯定有一个是小偷,另一个则是见义勇为的好青年。

现场的同学愣住了。这时,一个学生想出了一个好主意,可以找到真正的小偷。想必你有着丰富的想象力吧!那么,如果你当时在场,会想出什么好主意来呢?

85.具有遗传特性的数

人的相貌可以遗传,数字也可以遗传。

做平方运算时,数字也可以遗传。例如:

$5^2 = 25$,

$25^2 = 625$。

在以上两个等式中:

5 和它的平方 25,最后一位数字一模一样(一位遗传);

25 和它的平方 625,最后两位数字一模一样(两位遗传)。

有没有位数更多的遗传现象呢?下面一串等式提供了三位、四位、五位和六位遗传现象的例子。

$625^2 = 390625$,

$0625^2 = 390625$,

$90625^2 = 8212890625$,

$890625^2 = 793212890625$。

86. 面向老师的有多少人

有 40 名学生面向老师排成一行，从 1 开始依次报数，报数完毕后，老师请报数为 4 的倍数的学生向后转，接着又请报数为 6 的倍数的学生向后转。这时，面向老师的有几人？

87. 渔夫捞草帽

有位渔夫，头戴一顶大草帽，坐在划艇上在一条河中钓鱼。河水的流动速度是每小时 3 英里，他的划艇以同样的速度顺流而下。"我得向上游划行几英里，"他自言自语道："这里的鱼儿不愿上钩！"

正当他开始向上游划行的时候，一阵风把他的草帽吹落到船旁的水中。但是，这位渔夫并没有注意到他的草帽丢了，仍然向上游划行。直到他划行到船与草帽相距 5 英里的时候，他才发觉这一点。于是他立即掉转船头，向下游划去，终于追上了他那顶在水中漂流的草帽。

在静水中，渔夫划行的速度总是每小时 5 英里。在他向上游或下游划行时，一直保持这个速度不变。当然，这并不是他相对于河岸的速度。例如，当他以每小时 5 英里的速度向上游划行时，河水将以每小时 3 英里的速度把他向下游拖去，因此，他相对于河岸的速度仅是每小时 2 英里；当他向下游划行时，他的划行速度与河水的流动速度将共同作用，使得他相对于河岸的速度为每小时 8 英里。

如果渔夫是在下午 2 时丢失草帽的，那么他找回草帽是在什么时候？

88. 彩色袜子

在衣柜抽屉中杂乱无章地放着 10 只红色的袜子和 10 只蓝色的袜子。这 20 只袜子除颜色不同外，其他都一样。现在房间中一片漆黑，你想从抽屉中取出两只颜色相同的袜子，最少要从抽屉中取出几只袜子才能保证其中有两只配成颜色相同的一双？

89. 苹果怎样分

小咪家里来了五位同学。小咪的爸爸想用苹果来招待这六位小朋友，可是家里只有五个苹果。怎么办呢？只好把苹果切开了，可是又不能切成碎块，小咪的爸爸希望每个苹果最多切成三块。这就成了一道题目：给六个孩子平均分配五个苹果，每个苹果都不许切成三块以上，小咪的爸爸是怎样做的呢？

90. 遗产问题

一位妇人将同她的即将生产的孩子一起分割她丈夫遗留下来的 3 500 元遗产。如果生的是儿子，那么按照罗马的法律，做母亲的应分得儿子份额的一半；如果生的是女儿，做母亲的就应分得女儿份额的两倍。可是她生了一对双胞胎——一男一女。遗产应怎样分配才符合法律要求呢？

91. 两只手表问题

　　我在同一时间开了两只手表，后来发现有一只手表每小时要慢 *2* 分钟，而另一只手表每小时要快 *1* 分钟。我再次去看表时，发现走得快的那一只表要比走得慢的那只表整整超前了 *1* 小时。

　　试问：手表已经走了多长时间？

92. 鸡蛋的价钱

　　"我买鸡蛋时，付给杂货店老板 *12* 美分，"一位厨师说道："但是由于嫌它们太小，我又叫他无偿添加了 *2* 只鸡蛋给我。这样一来，每打（*12* 只）鸡蛋的价钱就比当初的要价降低了 *1* 美分。"

　　请问：厨师买了多少只鸡蛋？

93. 丈夫和妻子

　　有人邀请了三对夫妻来吃午饭，安排大家（包括主人自己和妻子）围绕圆桌就座时，想让男女相间而又不使任何一位丈夫坐在自己妻子旁边。

　　请问：假如只注意各人座位的顺序，而不把同样顺序但坐在不同地方的方法数计算在内的话。这样就座可以有几种方法？

94. 等电车

三兄弟从剧场回家，走到电车站，准备乘车回家。可是，车子一直没有来。哥哥的意见是等着。老二的意见是往前走，等车来了再乘车，等的时间已经可以走出一段路程了，这样可以早点到家。"

弟弟反对说："要是走，那就不要往前走，而往后走，这样我们就可更快地遇到迎面开来的车子，咱们也就可以早点到家。"

兄弟三人谁也不能说服别人，只好各走各的：大哥留在车站等车；老二顺着车的行进方向向前走去；弟弟则向后走去。

请问：三个人谁先回到家？谁的做法最聪明？

95. 世界上最神奇的数字

看似平凡的数字，为什么最神奇呢？我们把它从 1 乘到 6 看看：

1428571 = 142857

1428572 = 285714

1428573 = 428571

1428574 = 571428

1428575 = 714285

1428576 = 857142

同样的数字，只是调换了位置，反复的出现。那么，你知道把它乘以 7 是多少吗？

96.一共有多少

在七间房子里，每间都养着七只猫。在这七只猫中，不论哪只，都能捕到七只老鼠；这七只老鼠，每只都要吃掉七个麦穗。如果每个麦穗都能剥下七合麦粒。

请问：房子、猫、老鼠、麦穗、麦粒，都加在一起总共有多少数？

97.真假银元

一位商人有9枚银元，其中有一枚是较轻的假银元。你能用天平只称两次（不用砝码），就将假银元找出来吗？

98.青蛙捉虫子

两只青蛙比赛捉虫子，大青蛙比小青蛙捉得多。如果小青蛙把捉的虫子给大青蛙3只，则大青蛙捉的虫子就是小青蛙的3倍。如果大青蛙把捉的虫子给小青蛙15只，则大小青蛙捉的虫子一样多。你知道大小青蛙各捉了多少只虫子吗？

99.猴子抬西瓜

小猴子从300米远的地方往回抬一个大西瓜，需要2个小猴子一起抬，现在由 3 个小猴子轮流抬，请你算一下，每个小猴子抬西瓜走了多少米？

100. 黑白兔各多少只

一只笼子里有白兔、黑兔若干只，如果拿出 2 只黑兔，白兔黑兔数量相等；如果拿出 1 只白兔，黑兔数量是白兔的 2 倍。问白兔、黑兔各多少只？

101. 小机灵几岁

有位叔叔问"小机灵"几岁了，他说："如果从我三年后年龄的 2 倍中减去我三年前年龄的 2 倍，就等于我现在的年龄。"

请问："小机灵"今年几岁了？

102. 杯子与杯盖各值多少钱

带盖的茶杯价值二元钱，杯子比杯盖贵一元，请问杯子杯盖各值多少钱？

103. 猴子吃桃子

小猴子吃桃子，吃掉的比剩下的多 4 个。小猴又吃掉了一个桃子，这时吃掉的是剩下的 3 倍，问小猴子一共有多少个桃子？

104. 怎样渡河

一人带猫、鸡、米过河，船除需要人划外，至少还能载猫、鸡、米三者之一，而当人不在场时猫要吃鸡，鸡要吃米。尝试设计一个安全过河方案，并使渡船次数尽量减少。

105. 甲乙的面积是多少

甲乙两个长方形，它们的周长相等，甲的长与宽的比是 3：2，乙的长与宽的比是 5：3，那么甲乙的面积是多少？

106. 铜和锌的比

一块合金中铜和锌的比是 3：2，现在加 6 克锌，共得锌的合金 36 克，那么新的合金中铜和锌的比是多少？

107. 阿勇去买糖

阿勇去买糖人，他带的钱买 2 个糖人还剩 1 角 2 分钱，买 3 个糖人，则少 8 分钱。

请问：他带了多少钱？每个糖人多少钱？

108.体重各是多少千克

　　小冬和小军的平均体重是 32 千克，小华和小军的平均体重是 28 千克，小冬和小华的平均体重是 30 千克，这三个同学的平均体重是多少千克？这三个同学的体重各是多少千克？

109.有趣的数字

　　123456789 九个数字，每个括号填一个数字，使算式成立（每个数字不能重复使用）。

第一题：

　　（　）（　）+（　）−（　）=（　）

　　（　）（　）=（　）（　）

第二题：

　　（　）（　）（　）（　）（　）=（　）（　）（　）（　）

110.巧妙的计算

　　① $9 \div 1.3 + 1.3 \div 9 + 6 \div 1.3 + 1.4 \div 9 + 11 \div 1.3$

　　② $9999977778 + 3333366666$

111. 老鼠能否躲避猫的追捕

一只老鼠为了躲避猫的追捕，跳入了半径为 R 的圆形湖中，猫不会游泳，只能沿湖岸追击，并且总是试图使自己离老鼠最近（即猫总是试图使自己在老鼠离岸最近的点上）。如果猫在陆地上的最大速度是老鼠在湖中游泳的最大速度的 4 倍，那么老鼠能否摆脱猫的追击（如果老鼠上岸时猫不在老鼠上岸的位置，则认为老鼠摆脱了猫的追击）？

112. 队伍行进了多少米

110 米长的队伍，以每秒 1.5 米的速度行进，一队员以每秒 4 米的速度从队尾走到队首，然后立即按原速返回到队尾，问队员从离开队尾到又返回队尾时，队伍行进了多少米？试将上述问题改变成一个求队伍长度的问题，并做解答。

113. 圣诞火鸡问题

西方人把圣诞节视为他们最重要的节日。圣诞节前，约翰、彼得和罗伯一早就到了市场去卖他们饲养的火鸡。这些火鸡重量相差无几，因此就论只来卖。

约翰有 10 只，彼得有 16 只，罗伯有 26 只。早上，三人卖价相同。下午，由于三人都没卖完，又要赶在天黑前回家，只好降价出售，但三人的卖价仍然相同。黄昏时，他们的火鸡全部卖完。

当清点钱时，他们惊奇地发现每个人都得到 56 英镑。想想看，为什么？他们上、下午的售价各是多少？每人上、下午各卖出多少只火鸡？

114. 老大娘卖活鸭

一个老大娘卖活鸭，来了三个买主，要把鸭子全包了。

其中一个买主说："我买两筐鸭子的一半零半只。"另一个买主说："我买他剩下的一半零半只。"第三个买主说："我买他俩剩下的一半零半只。"

老大娘以为三个人开玩笑，活蹦乱跳的鸭子怎么能卖半只。可又仔细一想，高兴地把两筐活鸭一只不剩地卖给了他们。请问：老大娘共卖了多少只活鸭？他们三人各买了多少？

115. 岳飞安排士兵

岳飞是我国古代宋朝的民族英雄。他在泰州抗击金兵期间，他曾向将领们讲了一种布阵图：一座矩形的城池，在城池的四周设了 8 个哨所，一共由 24 个士兵值守，其中从城墙的每边观察都有 11 个士兵，后来由于军情变化，连续四次给哨所增添兵力，每次增加 4 人，但要求在增加人员后，仍然保持城墙的每边都有 11 个人值守。请问应如何安排各哨所的士兵？

116. 花园里的花朵

在一个花园里，第一天开一朵花，第二天开两朵花，第三天开四朵花。以此类推，一个月内恰好所有的花都开放了，问当花园里的花朵开一半时，是哪一天？

117. 这只熊是什么颜色

一只熊，从 P 点开始，向正南走一里，然后改变方向，向正东走一里，接着，它再向左转，向正北走一里，这时他恰好到达所出发的 P 点。问这只熊是什么颜色？

118. 四层有多少红灯

为了庆祝北京申办 2008 奥运会成功，某地区的人们将城市装扮一新，纷纷走上街头庆祝。一位数学教师看到当地 7 层塔上挂有红灯，于是顺口吟了 4 句诗："火树银花塔七层，层层红灯倍加增，共有红灯五零八，试问四层几红灯？"这是一道趣味题，请你试试将题解出来。

119. 杯子能否朝下

桌面上有 14 只杯子，3 只杯口朝上，现在每次翻动 4 只杯子（把杯口朝上的翻为朝下，把杯口朝下的翻为朝上）。问：能否经过若干次翻动后，把杯口都朝下？若不能，那么每次翻动 6 只能做到吗？ 7 只呢？

120. 村子里有几条病狗

一个村子里面有 50 个人，每个人有一条狗。现在知道村子里面有狗病了。每人每天观察一次狗的情况，但是每个人只能观察到别的 49 条，看不到自己的狗，判断出自己的狗是病狗的时候，必须枪毙病狗，但是每个人只有权力枪毙自己的病狗。第一天，没有枪声。第二天，还是没有枪声。第三天，听见枪声了。请问村子里有几条病狗？

121. 他们是哪个国家的人

有六个不同国籍的人，他们的名字分别为 A，B，C，D，E 和 F；他们的国籍分别是美国、德国、英国、法国、俄罗斯和意大利（名字顺序与国籍顺序不一定一致）。

现已知：①A 和美国人是医生；②E 和俄罗斯人是教师；③C 和德国人是技师；④B 和 F 曾经当过兵，而德国人从没当过兵；⑤法国人比 A 年龄大，意大利人比 C 年龄大；⑥B 和美国人下周要到英国去旅行，C 同法国人下周要到瑞士去度假。请判断 A、B、C、D、E、F 分别是哪国人？

122. 怎么量出 *4* 升的水

你有两个桶，容量分别为 *3* 升和 *5* 升，同时还有大量的水，你怎么才能准确量出 *4* 升的水？

123. 古罗马人的遗嘱

传说，有一个古罗马人临死时，给怀孕的妻子写了一份遗嘱：生下来的如果是儿子，就把遗产的 *2/3* 给儿子，母亲拿 *1/3*；生下来的如果是女儿，就把遗产的 *1/3* 给女儿，母亲拿 *2/3*。结果这位妻子生了一男一女，怎样分配，才能遵守遗嘱的要求呢？

124. 公园里有多少蜜蜂

公园里有甲、乙两种花，有一群蜜蜂飞来，在甲花上落下 *1/5*，在乙花上落下 *1/3*。如果落在两种花上的蜜蜂的差的三倍再落在花上，那么只剩下一只蜜蜂上下飞舞欣赏花香，算算这里聚集了多少蜜蜂？

125. 苍蝇飞行了多少英里

两个男孩各骑一辆自行车，从相距 *20* 英里（*1* 英里约合 *1.6093* 千米）的两个地方，开始沿直线相向骑行。在他们起步的那一瞬间，一辆自行车车把上的一只苍蝇，开始向另一辆自行车径直飞去。

它一到达另一辆自行车车把，就立即转向往回飞行。这只苍蝇如此往返，在两辆自行车的车把之间来回飞行，直到两辆自行车相遇为止。

如果每辆自行车都以每小时 *10* 英里的等速前进，苍蝇以每小时 *15* 英里的等速飞行，那么苍蝇总共飞行了多少英里？

126. 客人住旅馆

我们一起来试营一家有 *80* 间套房的旅馆，看看知识如何转化为财富。经调查得知，若我们把每日租金定价为 *160* 元，则可客满；而租金每涨 *20* 元，就会失去 *3* 位客人。每间住了人的客房每日所需服务、维修等项支出共计 *40* 元。

问题：我们该如何定价才能赚最多的钱？

127. 数学家维纳的年龄

维纳我今年岁数的立方是个四位数，岁数的四次方是个六位数，这两个数，刚好把十个数字 *0*、*1*、*2*、*3*、*4*、*5*、*6*、*7*、*8*、*9* 全都用上了，维纳的年龄是多少？

128. 猴子背香蕉

有只猴子在树林摘了 *100* 根香蕉堆成一堆，猴子家离香蕉堆

50米，猴子打算把香蕉背回家，每次最多能背50根。可是猴子嘴馋，每走一米就要吃一根香蕉，问猴子最多能背回家几根香蕉？

129. 桌子上的蜡烛

房间的桌子上有12支刚刚点燃的蜡烛，风从窗户吹进来，吹灭了2支蜡烛。过了一会儿，又有1支蜡烛被风吹灭。把窗户关起来后，再没有蜡烛被吹灭。桌子上最后还剩几支蜡烛？

130. 数字出现的次数

在0～100里，数字"9"出现过几次？数字"1"呢？数字"0"呢？

131. 利用天平找球

12个球中有11个质量一样，还有一个质量不同。现在利用一个没有刻度的天平要几次才能找出这个球？

132. 如何分酒

一个人晚上出去打了10斤酒，回家的路上碰到了一个朋友，恰巧这个朋友也是去打酒的。不过，酒家已经没有多余的酒了，此时天色已晚，别的酒家也都已经打烊了，朋友看起来十分着急。于是，这个人便决定将自己的酒分给他一半，可是朋友手中只有一个 *7* 斤和 *3* 斤的酒桶，两人又都没有带工具，如何才能将酒平均分开呢？

133. 竞赛成绩

小强参加学校举办的小学生知识能力竞赛。比赛结束后，乐乐问小强得了第几名，小强故意卖关子，说："我考的分数、名次和我的年龄的乘积是 *1958*，你猜猜看。"乐乐想了没多久就说出了小强的分数、名次和年龄。

那么，你知道小强的年龄吗？他的竞赛名次和分数是多少呢？

134. 过桥

星期天，洛洛全家人出去游玩，由于玩的太高兴了，忘记了时间，他们慌慌张张来到一条小河边，河上有座桥，一次只允许两个人通过。如果他们一个一个过桥的话，洛洛要 *15* 秒，妹妹需 *20* 秒，爸爸要 *8* 秒，妈妈要 *10* 秒，奶奶要 *23* 秒。如果两个一块过桥的话，只能按着走路慢的人的速度来走，过桥后还要走 *2* 分钟的路。洛洛一家人急着到对面去赶最后一班的公交车，他们只有 *3* 分钟的时间，问小明一家能否赶上公交车？他们该怎样过桥？过桥用了多长时间？

135. 卖苹果

一个商人赶一辆马车走 *50* 公里的路程去县城卖 *50* 箱苹果，一个箱子里有 *30* 个苹果，马车一次可以拉 *10* 箱苹果。但商人进城时喜欢带上他的儿子。在进城的路上，他的儿子每走一公里因为口渴都要吃掉一个苹果，那么商人走到县诚可以卖出多少个苹果？

136. 青蛙跳井

有一口深 4 米的井，井壁非常光滑。井底有只青蛙总是往井外跳，但是，这只青蛙每次最多能跳 3 米高，你觉得这只青蛙几次能跳到井外去吗？为什么？

137. 分桃子

幼儿园的老师给三组小孩分桃子，如只分给第一组，每个孩子可得 7 个；如只分给第二组，每个孩子可得 8 个；如只分给第三组，每个孩子可得 9 个。

老师现在想把这些苹果平均分别三组的孩子，你能告诉她每个孩子要分几个吗？

138. 运大米

有 100 石大米，需要用牛车运到米行，米行恰巧找来了 100 辆牛车，牛车有大小之分，大牛车一次可以运三石，中型的牛车可以运两石，而小牛车却需要用两辆才能运一石。请问如果既要把大米运完又要把 100 辆车都用到，该如何分配牛车？

139. 弹珠有多少

天天跟甜甜一块到草地上玩弹珠。天天说："把你的弹珠给我 *2* 个吧，这样我的弹珠就是你的 *3* 倍了。"甜甜对天天说："还是把你的弹珠给我 *2* 个吧，这样我们的弹珠就一样多了。"分析一下，天天跟甜甜原来各有多少个弹珠？

140. 天会黑吗

6 点放学，还在下雨，丽丽为了考考青青，便对青青说："青青，雨已经下了三天了，看样子不打算停了，你觉得 *40* 小时后天会黑吗？"

141. 开灯

妈妈跟小军一块去逛街，回来后天已经黑了，妈妈叫小军开灯。小军想捉弄一下妈妈，连开了 *7* 次灯，猜猜小军把灯开亮没？如果开 *20* 次呢？ *25* 次呢？

142. 分书架

毕业了，寝室的 *5* 个人需要分书架。一共有 *3* 个一模一样的书架，把这三个书架分给 *3* 个人，分到书架的三个人各拿出 *1000* 元，平均分给其余两人。这样一分，大家都觉得挺合理的。事后，其中一人算了半天也不知道一个书架到底是多少钱，你能告诉他吗？

143. 买饮料

小李有 40 元钱，他想买饮料，老板告诉他，2 元钱可以买一瓶饮料，4 个饮料瓶可以换一瓶饮料。那么，小李可以得到多少瓶饮料？

144. 切西瓜

用水果刀平整地去切一个大西瓜，一共切 10 刀，最多能将西瓜切成多少块？最少能切多少块？

145. 哪个数最小

有 A、B、C、D 四个数，它们分别有以下关系：A、B 之和大于 C、D 之和，A、D 之和大于 B、C 之和，B、D 之和大于 A、C 之和。

请问：你可以从这些条件中知道这四个数中那个数最小吗？

146. 解题

弟弟让姐姐帮他解答一道数学题，一个两位数乘以 5，所得的结果是一个三位数，且这个三位数的个位与百位数字的和恰好等于十位上的数字。姐姐看了以后，心里很是着急，觉得自己没有头绪，你能帮姐姐得到这道题的答案吗？

147. 头巾的颜色

有一队人一起去郊游。这些人中，他们有的人戴的是蓝色的头巾，有的人戴的是黄色的头巾。在一个戴蓝色头巾的人看来，蓝色头巾与黄色头巾一样多，而在戴黄色头巾的人看来，蓝色头巾比黄色头巾要多一倍。那么，到底有几个人戴蓝色头巾，几个人戴黄色头巾？

148. 分果冻

小红的妈妈买了许多果冻，这些果冻一共有48个。小红的妈妈对小红说：如果你能把这些果冻分成4份，并且使第一份加3，第二份减3，第三份乘3，第四份除3所得的结果一致，那你就可以吃这些果冻了。小红想了好长时间，终于把这个问题的答案想出来了，聪明的你知道怎么分吗？

149. 买书

小红和小丽一块到新华书店去买书，两个人都想买《综合习题》这本书，但钱都不够，小红缺少4.9元，小丽缺少0.1元，用两个人合起来的钱买一本，钱仍然不够。那么，这本书的价格是多少呢？

150. 卖丝巾

　　一家饰品店在关门之前处理货物，一条丝巾以 20 元的价钱卖不出去，老板决定降价到 8 元一条，结果没人买。无奈，老板只好再降价，降到 3.2 元一条，依然卖不出去。无奈，老板只好把价格降到 1.28 元一条。老板心想，如果这次再卖不出去，就要按成本价销售了。那么这条丝巾的成本价是多少呢？

151. 买苹果

　　有 5 个人去买苹果，他们买的苹果数分别是 A，B，C，D，E。已知 A 是 B 的 3 倍，C 的 4 倍，D 的 5 倍，E 的 6 倍，则 A ＋ B ＋ C ＋ D ＋ E 最小为多少？

152. 猪、牛、羊的单价

　　现有 2 头猪、3 头牛和 4 只羊，它们各自的总价都不满 1000 元。如果将 2 头猪与 1 头牛放在一起，或者将 3 头牛与 1 只羊放在一起，或者将 4 只羊与 1 匹马放在一起，那么它们各自的总价都正好是 1000 元了。那么猪、牛、羊的单价各是多少元？

153. 付费

某人租了一辆车从城市 A 出发，去城市 B，在途中的一个小镇上遇到了两个熟人，于是三人同行。三人在城市 B 呆了一天准备回城市 A，但是他的朋友甲决定在他们相遇的那个小镇下车，朋友乙决定跟他回城市 A，他们用 AA 制的方式各付费用。

从城市 A 到城市 B 往返需要 40 块钱，而他们相遇的小镇恰是 AB 两城的中点。三个人应怎么付钱呢？

154. 种玉米

从前有一个地主，他雇了两个人给他种玉米。两人中一人擅长耕地，但不擅长种玉米，另一人恰相反，擅长种玉米，但不擅长耕地。地主让他们种 20 亩地的玉米，两俩各包一半，于是工人甲从北边开始耕地，工人乙从南边开始耕地。甲耕一亩地需要 40 分钟，乙却得用 80 分钟，但乙的种玉米的速度比甲快 3 倍。种完玉米后地主根据他们的工作量给了他们 20 两银子。问，俩人如何分这 20 两银子才算公平？

155. 找零钱

有一个香港人来到旅游泰国，在一家商店看上了一个相机。在香港，这种相机皮套和相机一共值 3000 港币，可这家店主故意要 410

美元，而且他不要泰铢，更不要港币，只要美元。现在相机的价钱比皮套贵 400 美元，剩下的就是皮套的钱。这个香港人现在掏出 100 美元，请问他能够买回这个皮套吗？

156. 狼与羊

有一群狼，还有一群羊，一匹狼追上一只羊需要十分钟。如果一匹狼追一只羊的话，剩下一匹狼没羊可追；如果两匹狼追一只羊的话，那就有一只羊可以逃生。问，十分钟之后还会有多少只羊？

157. 猜数字

小明的三个同学来找小明玩，小明说："咱们做个游戏吧。"其他三人表示同意。小明在他们三人的额头上各贴了一个纸条，纸条上均写着一个正整数，并且有两个数的和等于第三个。但他们三人都能看见别人的数却看不见自己的数。然后，小明问第一个同学：你知道你的纸条上写的是什么吗？同学摇头，问第二个，他也摇头，再问第三个，同样摇头。于是小明又从第一个问了一遍，第一个、第二个同学仍然不知道，问到第三个时他说：144！小明很吃惊。那么，另外两个数字是什么呢？

158. 蜗牛爬行

有一百只蜗牛因为洪灾而同时被困在了一根 1 米长的木棍上，蜗

牛一分钟能爬 *1* 厘米,爬行时如果两只蜗牛相遇的话就会掉头继续爬。那么,要让所有的蜗牛都掉进水里,需要要多长时间?

159. 商人买马

一个商人从牧民那里用 *1000* 元买了一匹马。过两天,他认为自己吃亏了,要求牧民退回 *300* 元。牧民说:"可以,只要你按我的要求买下马蹄铁上的 *12* 颗钉子,第一颗是 *2* 元,第二颗是 *4* 元,按照每一颗钉子是前一颗的 *2* 倍,我就把马送给你,怎么样?"商人以为自己占了便宜便答应了。请问,最后的结果是什么?为什么?

160. 公交车座位

有一辆公交车总是在一条固定的路线上行驶,除起始站和终点站外,中途有 *8* 个停车站。如果这辆公交车从起始站开始载客,不算终点站,每一站上车的乘客中恰好又有一位乘客从这一站到以后的每一站下车。如果你是公交车的司机,为了确保每个乘客都有座位,你至少要安排多少个座位?

161. 卖西瓜

小张和小王经常在一起卖西瓜。一天,小张家里有点事,就把要卖的西瓜托付给小王代卖。没有卖之前,小张和小王的西瓜是一样多的,但是,小张的西瓜小一些,所以卖 *10* 元钱 *3* 个,小王的西瓜大一些，所以卖 10 元钱 2 个。现在小王为了公平，把所有的西瓜混在了一起，以 20 元钱 5 个的价格出售。当所有的西瓜都卖完之后，小张和小王开始分钱。这时，他们发现钱比他们单独卖少了 20 元。这是怎么回事呢？小张和小王当时各有多少个西瓜呢？

162. 有多少人迷路

有 9 个人在沙漠里迷了路，他们所有的粮食只够这些人吃 5 天。第二天，这 9 个人又遇到了一队迷路的人，这一队人已经没有粮食了。大家便算了算，两队合吃粮食，只够吃 3 天。那么，第二队迷路的人有多少呢？

163. 两人赛跑

一个男生和一个女生在一起赛跑，当男生到达 100m 终点线的时候，女生才跑到 90m 的地方。现在如果让男生的起跑线往后退 10m，这时男生和女生再同时起跑，那么两个人会同时到达终线吗？

164. 免费的餐饮

一个家庭里面有 5 口人，平时到周末的时候，这家人总是会去一家高档饭店吃饭。吃了几次，这家人就提议让老板给他们点优惠，免费送他们一餐。聪明的老板想了想，说道："你们这一家人也算是这里的常客，只要你们每人每次都换一下座位，直到你们 5 个人的排列次序没有重复的时候为止。到那一天之后，别说免费给你们送一餐，送10餐都行。怎么样？"那么，这家人要在这个饭店吃多长时间饭才能让老板免费送10餐呢？

165. 敲钟的速度

在一座寺院里，每天和尚都要敲钟，第一个和尚用10秒钟敲了10下钟，第二个和尚用20秒敲了20下钟，第三个和尚用5秒钟敲了5下钟。这些和尚所用的时间是这样计算的：从敲第一下开始到敲最后一下结束。这些和尚的敲钟速度是否相同？如果不同，一次敲50下的话，他们谁先敲完。

166. 火车早到多长时间

有一天，小张乘坐火车到达某一个地方给小王送货，本来说好小王来接小张的，可是这天火车提前到站了，所以小张就一个人开始往小王住的地方走，走了半个小时后，迎面遇到了小王，小王接过东西，没有停留就掉头回去了。当小王到住的地方时发现，这次接货回来的时间比平时早了10分钟。那么，这天的火车比平时早到了多长时间呢？

167. 核桃有多少

有一堆核桃，如果5个5个的数，则剩下4个；如果4个4个的数，则剩下 *3* 个；如果 *3* 个 *3* 个的数，则剩下 *2* 个；如果 *2* 个 *2* 个的数，则剩下 *1* 个。那么，这堆核桃至少有多少个呢？

168. 开始打工的日子

有一个小伙子在一家工地连续打工 *24* 天，共赚得 *190* 元（日工资 *10* 元，星期六半天工资 *5* 元，星期日休息无工资），他记不清自己是从 *1* 月下旬的哪天开始打工的，不过他知道这个月的 *1* 号是星期日，这个人打工结束的那一天是 *2* 月的哪一天？

169. 三个火枪手

在古英国曾有这样一个故事：三个火枪手同时看上了一个姑娘，这个姑娘不好选择，提出让他们以枪法一较高低，谁胜出她就嫁给谁。第一个火枪手的枪法准确率是 *40%*，第二个火枪手的准确率是 *70%*，第三个火枪手的准确率是 *100%*。由于谁都知道对方的实力，他们想出了一个自认为公平的方法：第一个火枪手先对其他两个火枪手开枪，然后是第二个，最后才是第三个。按照这样的顺序循环，直至剩下一个人。那么这三个人中谁胜出的几率最大？他们应采取什么策略？

170. 电影院卖票

有一些人排队进电影院，票价是 *5* 角。查了一下，进电影院的

人数是 *2* 个倍数，在这些人当中，其中一半人只有 *5* 角，另外一半人有 *1* 元纸票子。电影院开始卖票时，竟 *1* 分钱也没有。有多少种排队方法可以使得每当一个 *1* 元买票时，电影院都有 *5* 角找钱呢？

171. 称重

有 *4* 头猪，这 *4* 头猪的重量都是整千克数，把这 *4* 头猪两两合称体重，共称 *5* 次，分别是 *99*、*113*、*125*、*130*、*144*，其中有两头猪没有一起称过。那么，这两头猪中重量较重那头有多重？

172. 距离是多少

方静是一个很爱看书的孩子，在她的书架上，摆满了各种学科的书籍，其中的一个方格里，摆的都是历史类书籍。在这个方格里，方静按历史的先后顺序从左到右摆放着，因为摆放的时间过长生了蛀虫。其中的一本《中国历史》，分为四本，每一本的总厚度有 *5* 厘米，封面与封底的各自厚度为 *0.5* 厘米。

如果蛀虫从第一本的第一页开始咬，直到第四本的最后一页，你能算出这只蛀虫咬的距离是多少吗？

173. 冰与水

在很小的时候，我们就明白了"热胀冷缩"的道理，但是有一种很特别的物质却并不遵循这个道理，那就是水，有时候它是"冷胀热缩"。经过多次的实验得出结论：当水结成冰时，其体积会增长 *1/11*，以这个为参考，你知道如果冰融化成水时，其体积会减少多少吗？

174. 钟表匠装表

有一个老钟表匠很粗心。有一次，他给一个教堂安装钟表，结果他因为粗心把钟表的短针和长针装反了，短针走的速度反而是长针的 *12* 倍。由于装的时候是上午 *6* 点，钟表匠把短针指在 "*6*" 上，长针指在 "*12*" 上。装好后，钟表匠就回家了。结果细心的市民发现钟表这会儿还是 *7* 点，没过一会儿就 *8* 点了。人们通知钟表匠过来看看。钟表匠比较忙，就说下午去看看，等钟表匠赶到的时候已经是下午 *7* 点多钟。钟表匠看教堂的时间也不错，就回家了。但钟表依旧 *8* 点、*9* 点的走，人们又去找钟表匠。钟表匠第二天早晨 *8* 点多赶来用表一对，仍旧没错。请你思考一下他对表的时候是 *7* 点几分和 *8* 点几分？

175. 买葱

有一个人买葱，大葱 *1* 元一斤，这人便跟卖葱的商量，如果葱叶那段每斤两毛，葱白每斤 *8* 毛并且分开秤的话他就全买了。卖葱的一想：反正自己不会赔钱，便答应了，结果却发现赔了不少钱。你知道为什么卖葱人会赔钱吗？如果分段买那么 *1* 元钱可以买 *2* 斤葱了，可到底什么原因呢？

176. 猜年龄

两个好友在路上相遇，于是互相攀谈起来。甲对乙说："我记得你有三个女儿，她们现在多大了？"乙说："她们的乘积是 *36*，她们的年龄恰好是今天的日期，也就是 *13*。""嘿，伙计，你还没告诉我你女儿的年龄呢。""哦，是吗？我的小女儿是红色头发。"乙说。"那我知道你三个女儿多大了。"甲答道。你知道乙三个女儿的年龄吗？

177. 各有多少把伞

有红黄蓝三种伞，共 *160* 把，如果取出红伞的 *1/3*，黄伞的 *1/4*，蓝伞的 *1/5*，则剩 *120* 把。如果取出红伞的 *1/5*，黄伞的 *1/4*，蓝伞的 *1/3*，则剩下 *116* 把。请问，这三种伞原来各有多少？

178. 盖火印

有一个商人，他经常让马为他托运货物，这些马有的强壮，有的比较弱，商人为了区别它们，便决定通过盖火印的方法给每一区马都做个记号。在给马盖火印时，马都会因为疼痛叫喊 *3* 分钟。假设马的叫声不会重叠，如果给 *15* 匹马盖火印，至少可以听马叫喊多长时间？

179. 仆人做工

一个人在一个大户人家里做仆人。大户人家的主人给仆人一根 3 尺长，宽厚均为 1 尺的木料，让仆人把这块木料做成木柱。仆人就把这块木料放到称上称了一下，知道这块木料重 3kg，即将做成的木柱只重 2kg。于是仆人从方木上砍去 1 立方尺的木材，但主人认为仆人这样做不合理。仆人该怎么向主人解释呢？

180. 巧分遗产

有一个人得了绝症，不久就离开了人世。这个人生前有 70000 元的遗产，他死前他的妻子已经怀孕了。在遗嘱中这人说，如果他的妻子生下的是儿子的话，女人所得的遗产将是她儿子的一半，如果是女儿的话她的遗产就是女儿的二倍。结果女人生下的是双胞胎，一儿一女。这下子律师为难了。恰在这时，一个高中生说了一个方法，便解决了这个难题。你知道这个高中生是怎么分的吗？

181. 蜗牛爬三角

将三只蜗牛放在一个正三角形的每个角上，每只蜗牛开始朝另一只蜗牛做直线运动。如果目标角是随机选择，那么蜗牛互不相撞的概率是多少？

182. 买玩具

有六个小朋友去玩具店里买玩具，他们分别带了 14 元、17 元、18 元、21 元、25 元、37 元钱。到了玩具店里，他们都看中了一款游戏机，一看定价，这六个人都发现自己所带的钱不够，但是其中有 3 个人的钱凑在一起正好可买 2 台。除去这 3 个人，有 2 人的钱凑在一起恰好能买 1 台。那么，这款游戏机的价格是多少呢？

183. 龟兔赛跑谁在先

乌龟和兔子赛跑的原版，是因为兔子过于贪玩所以乌龟胜出了。但兔子的速度是远远超过乌龟的，而现在有一总长 4.2km 的路程，兔子每小时跑 20km，乌龟每小时跑 3km，不停地跑。但兔子却边跑边玩，它先跑 1 分钟，然后玩 15 分钟。又跑 2 分钟，再玩 15 分钟……那么，先到终点的比后到终点的要快多少分钟？

184. 他是怎么猜到的

幼儿园一老师带着 7 名小朋友，她让 6 个小朋友围成一圈坐在操场上，让另一名小朋友坐在中央，拿出 7 块头巾，其中 4 块是红色，3 块是黑色。蒙住 7 个人的眼睛，用头巾包在每一个小朋友的头，然后解开周围 6 个人的眼罩，由于中央的小朋友的阻挡，每个人只能看到 5 个人头上头巾的颜色。这时，老师说："你们现在猜一猜自己头上头巾的颜色。"大家思索好一会儿，最后，坐在中央的被蒙住双眼的小朋友说："我猜到了。"

问：被蒙住双眼坐在中央的小朋友头上是什么颜色的头巾？他是如何猜到的？

185. 我住哪儿

我住在工厂和村庄之间的地方。工厂位于村庄和火车站之间的某一处。下面判断正确的是？

A. 工厂与村庄的距离比村庄到火车站的距离近；

B. 我住在工厂和火车站之间；

C. 我住的地方到工厂的距离比到机场近。

186. 山羊买外套

小白羊、小黑羊、小灰羊一起上街各买了一件外套。3 件外套的颜色分别是白色、黑色、灰色。

回家的路上，一只小羊说："我很久以前就想买白外套，今天终于买到了！"说到这里，她像是发现了什么，惊喜地对同伴说："今天我们可真有意思，白羊没有买白外套，黑羊没有买黑外套，灰羊没有买灰外套。"

小黑羊说："真是这样的，你要是不说，我还真没有注意这一点呢！"

你能根据他们的对话，猜出小白羊、小黑羊和小灰羊各买了什么颜色的外套吗？

187. 他们是怎么知道的

有 4 个人在做游戏，一人拿了 5 顶帽子，其中 3 顶是白的，2 顶是黑的。让其余的 3 人——A、B、C 三人站成三角形，闭上眼睛。他给每人戴上一顶白帽子，把两顶黑帽子藏起来，然后让他们睁开眼睛，不许交流，猜猜自己戴的帽子的颜色。A、B、C 三人互相看了看，最后异口同声正确地说出了他们所带帽子是白色的，他们是怎么知道的？

188. 游玩组合

有九个人一起去游玩，这九个人中有三个成年妇女张、王、李，两个成年男人赵、郑和四个孩子帆、林、波、峰。在游玩时，总共有九个座位，但这九个座位分别放在娱乐场的三个不同的位置，三个座位一组互相毗邻。为了保证游玩的质量，九个人必须根据以下条件分为三组。

①性别相同的成年人不能在一组；
②帆不能在张那一组；
③林必须同王或赵同组，或者同时与王、赵同组。

问题：

（1）如果张是某组的唯一的大人，那么她所在组的其他两个成员必须是？

A.帆和林。

B.帆和波。

97

C. 林和波。

D. 林和峰。

E. 波和峰。

（2）如果张和赵是第一组的两个成员，那么谁将分别在第二组和第三组？

A. 王、李、帆；郑、波，峰。

B. 王、帆、峰；李、郑、林。

C. 王、林、波；李、帆、峰。

D. 李、郑、帆；王、波、峰。

E. 帆、林、波；王、郑、峰。

（3）下列哪两个人能与帆同一组？

A. 张和波。

B. 王和赵。

C. 王和郑。

D. 赵和郑。

E. 林和峰。

（4）下列哪一个断定一定是对的？

A. 有一个成年妇女跟两个孩子同一组。

B. 有一个成年男人跟帆同一组。

C. 张和一个成年男人同组。

D. 李那一组只有一个孩子。

E. 有一个组没有孩子。

（5）如果李、波和峰同一组，那么下列哪些人是另一组成员？

A. 张、王、郑。

B. 张、赵、帆。

C. 王、赵、帆。

D. 王、郑、帆。

E. 赵、郑、林。

189. 他们被哪所学校录取了

孙康、李丽、江涛三人被哈佛大学、牛津大学和麻省理工大学录取，但不知道他们各自究竟是被哪所学校录取了，有人做了如下猜测：

甲：孙康被牛津大学录取，江涛被麻省理工大学录取。

乙：孙康被麻省理工大学录取，李丽被牛津大学录取。

丙：孙康被哈佛大学录取，江涛被牛津大学录取。

他们每个人都只猜对了一半。

孙康、李丽、江涛三人究竟是被哪所学校录取了？

190. 体型比较

已知：婷比涛文矮；冲比花重；波比杰轻；杰比军高；浩比花高。

问题：

（1）如果花和杰一样重，那么下列哪一组判断是错误的？

A. 冲 130 斤，花 125 斤。

B. 杰 130 斤，浩 120 斤。

C. 波 130 斤，冲 125 斤。

D. 涛文 130 斤，婷 130 斤。

E. 军 130 斤，婷 130 斤。

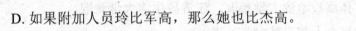

（2）如果军比浩高，那么：

A. 杰比花矮。

B. 杰比花高。

C. 杰比波矮。

D. 杰比波高。

E. 冲比杰高。

（3）下列哪一条推论是对的？

A. 花至少不比其中三人矮或轻。

B. 杰至少比其中一人高和重。

C. 如果再加入一个人——云，她比浩高，比婷矮，那么涛文比花高。

D. 如果附加人员玲比军高，那么她也比杰高。

E. 以上均为错。

（4）下列哪一种条件可以保证婷与杰同样高？

A. 花和涛文一样高。

B. 军和浩一样高，花和涛文一样高。

C. 军、浩、涛文和花几乎一样高。

D. 花身高 163 厘米，涛文身高 163 厘米，军身高也是 163 厘米。

E. 以上没有一条是对的。

191. 谁出差了

公司要在代号为甲、乙、丙、丁、戊、己中选拔人出差，人选的配备要求，必须注意下列各点：

①甲、乙两人至少去一个人。

②甲、丁不能一起去。

③甲、戊、己三人中要派两人去。

④乙、丙两人中去一人。

⑤丙、丁两人中去一人。

⑥若丁不去，则戊也不去。

那么哪些人出差了？

A. 甲、乙、丙、己。

B. 甲、乙、己。

C. 乙、丙、丁、戊。

D. 乙、丙、戊。

192. 她到底几岁

4 个人在对一部电视剧主演的年龄进行猜测，实际上只有一个人说对了。

张：她不会超过 20 岁。

王：她不超过 25 岁。

李：她绝对在 30 岁以上。

赵：她的岁数在 35 岁以下。

A. 张说得对。

B. 她的年龄在 35 岁以上。

C. 她的岁数在 30～35 岁之间。

D. 赵说得对。

193. 谁要巧克力和奶糖

凯特、玛丽和简三人去超市，他们每人要的不是巧克力就是奶糖。

①如果凯特要的是巧克力，那么玛丽要的就是奶糖。

②凯特或简要的是巧克力，但是不会两人都要巧克力。

③玛丽和简不会两人都要奶糖。

谁昨天要的是巧克力，今天要的是奶糖？

194. 坐在炸药桶上

普特南（1718—1790年），美国独立革命时的重要将领之一。他早年参加法国与印度之间的战争。在法印战争期间，一位英国少将向普特南提出决斗。普特南知道对方的实力和经验，如真的打起来，自己取胜的机会很小。于是他邀请这位英国少将到他们的帐篷里采取另一种决斗方式：两个人都坐在一个很小的炸药桶上，每个炸药桶里都有根烧得很慢的导火线，谁先移动身体就算输。

在导火线燃烧时，英国少将显得极度不安，而普特南则悠然地抽着烟斗。

看到旁观者都纷纷走出帐篷，少将再也坚持不住，从小桶上跳了起来，承认自己输了。

这时，普特南说了一句话，把少将气得要死。

试问他说了什么呢？

195.谁没有钱

李娜、叶楠和赵芳三位女性的特点符合下面的条件：

①恰有两位学识渊博，恰有两位十分善良，恰有两位温柔，恰有两位有钱。

②每位女性的特点不能超过三个。

③对于李娜来说，如果她学识渊博，那么她也有钱。

④对于叶楠和赵芳来说，如果她们十分善良，那么她们也温柔。

⑤对于李娜和赵芳来说，如果她们有钱，那么她们也温柔。

哪一位女性并非有钱？

提示：判定哪几位女性温柔。

196.性别不同的人

α、β、γ三人存在亲缘关系，但他们之间不违反伦理道德。

①他们三人当中，有α的父亲、β唯一的女儿和γ的同胞手足；

②γ的同胞手足既不是α的父亲也不是β的女儿。

不同于其他两人的性别的人是谁？

提示：以某一人为α的父亲并进行推断；若出现矛盾，则换另一个人。

103

197. 选派商务代表

关于确定商务谈判代表的人选，甲、乙、丙三位公司老总的意见分别是：

甲：假如不选杨经理，那么就不选高经理。

乙：假如不选高经理，那么就选杨经理。

丙：要么选杨经理，要么选高经理。

在下列选项中，可以让甲、乙、丙三人同时满意的方案是？

A. 选杨经理，不选高经理。

B. 选高经理，不选杨经理。

C. 杨经理与高经理都选。

D. 杨经理与高经理都不选。

E. 不存在此种方案。

198. 如何选择姓氏

某届"活动奖"评选结束了。A 公司拍摄的《黄河颂》获得最佳故事片奖，B 公司拍摄的《孙悟空》取得最佳的武术奖，C 公司拍摄的《白娘子》获得最佳戏剧奖。

评选结束后，A 公司的经理说："真是很有意思，恰好我们三个经理的姓分别是三部片名的第一个字，再说，我们每个人的姓同自己所拍片子片名的第一个字又不一样。"这时候，另一个公司姓孙的经理笑起来说："真是这样的！"

根据以上内容，推理出这三部片子的总理各姓什么？

A. A 公司经理姓孙，B 公司经理姓白，C 公司经理姓黄。

B. A 公司经理姓白，B 公司经理姓黄，C 公司经理姓孙。

C. A 公司经理姓孙，B 公司经理姓黄，C 公司经理姓白。

D. A 公司经理姓白，B 公司经理姓孙，C 公司经理姓黄。

E. A 公司经理姓黄，B 公司经理姓白，C 公司经理姓孙。

199. 猜一下

热县的报纸销售量多于天中县。因此，热县的居民比天中县的居民更多地知道世界上发生的大事。

以下的选项中，除了哪种说法都能削弱此论断：

A. 热县的居民比天中县多。

B. 天中县的绝大多数居民在热县工作并在那里买报纸。

C. 热县居民的人均看报时间比天中县居民的人均看报时间少。

D. 热县报纸报道的内容局限于热县内的新闻。

E. 热县报亭的平均报纸售价低于天中县的平均报纸售价。

200. 选候选人

在一次村民投票选举中，统计显示，有人投了所有候选人的赞成票。假如显示的统计是真实的，那么在下列选项中，哪个选项一定是真实的：

A. 每个选民都投了每个候选人的赞成票。

B. 在选举所有的候选人中，都投赞成票的人很多。

C. 不是所有的选票人都投所有候选人的赞成票。

D. 所有的候选人都当选是不可能的。

E. 所有的候选人都有当选的可能。

201. 能源消耗量

1972 年到 1980 年，世界性的工业能源消耗量在达到一定的顶峰后开始下降，在 1980 年，虽然工业的总产出量有显著提高，但它的能源总耗用量却是远远低于 1972 年，这说明了工业部门一定采取了高效节能措施。在以下选项中最能削弱上述结构的是：

A. 1972 年之前，在平时，使用工业能源的人们都不太注意节约能源。

B. 20 世纪 70 年代，很多能源密集型工业部门的产量急速下降。

C. 工业总量的增长 1972 年到 1980 年低于 1960 年到 1972 年的增长。

D. 20 世纪 70 年代，很多行业从使用高价石油转向使用低价的替代物。

202. 两家人的旅行

许三家与李四家准备一起旅行。这两家的家庭成员共 9 人，他们是——许三、许三妻，以及他们的三个儿子：许明、许涛、许亮；李四、李四妻，以及他们的两个女儿：李娜、李珊。此外，还知道以下条件：

①一独木舟上只坐三个人，只有三条独木舟。

②每条独木舟必须坐一个父母辈。

③同一个家庭的人不能独占一条独木舟。

问题：

（1）如果两个母亲（许三妻与李四妻）在同一条独木舟上，而许三的三个儿子分别坐在不同的独木舟上，下面哪一个断定一定是正确的？

A. 每条独木舟上都有男有女。

B. 有一条独木舟上只有女性。

C. 有一条独木舟上只有男性。

D. 李娜和李珊两姐妹坐在同一条独木舟上。

E. 许三与李四这两个父亲坐在同一条独木舟上。

（2）如果李四妻和李珊乘坐同一条独木舟，下面哪一组人可以同乘另一条独木舟？

A. 许涛、李四、李娜。

B. 许涛、李四、许亮。

C. 许涛、李娜、许明。

D. 李四、李娜、许三妻。

E. 许三妻、许三、许明。

（3）如果李四和许三妻在同一条独木舟上，下列的五种情况中，只有一种情况是不可能存在的。到底是哪一种情况？

A. 许涛、李四妻和李珊同乘一条独木舟。

B. 李四妻、许三和许明同乘一条独木舟。

C. 李四妻、李珊和许亮同乘一条独木舟。

D. 李四妻、许明和许亮同乘一条独木舟。

E. 李娜、许三和李珊同乘一条独木舟。

（4）许三家的三个儿子乘坐不同的独木舟。对此，P、Q、张三个人作出三种断定：

P断定：李四家的两个女儿不在同一条独木舟上。

Q断定：李四和李四妻夫妻俩不在同一条独木舟上。

张断定：许三和许三妻夫妻俩不在同一条独木舟上。

哪一种断定是正确的？

A. 只有P的断定对。

B. 只有Q的断定对。

C. P和Q的断定对，张的断定错。

D. P和张的断定对，Q的断定错。

E. P、Q、张的断定都对。

（5）途中，李四和两个男孩子徒步旅行，剩下的六个人则乘坐两条独木舟继续旅行。如果题设的其他已知条件不变，下面哪一组的孩子可能留下来乘坐独木舟：

A. 许涛、李娜、李珊。

B. 许涛、李珊、许亮。

C. 许涛、许明、许亮。

D. 许涛、许明、李珊。

E. 李珊、许明、许亮。

203.哪一项圈出后不用找零

某天，两男两女走进一家自助餐厅，每人从机器上取下一张标价单，内容如下。

50、95

45、90

40、85

35、80

30、75

25、70

20、65

15、60

10、55

①四人要同样的食品，他们的标价单被圈出了同样的款额（以美分为单位）。

②一个人只能带四枚硬币。

③两位女性的硬币价值相等，但彼此间不能有一枚硬币价值相同；两位男士也是如此。

④四个人都要按照各自在标价单上圈出的款额付款，不用找零。

问题：哪一个数目是被圈出的？

注意：硬币面值为 1、5、10、25、50，单位是美分或 1 美元（合 100 美分）。

（提示：找到这样的两组硬币：一组四枚，总值相等，但是组对的两方不能有一枚硬币面值相同。然后从这些组对中找到能付清账目而不用找零的款额。）

204. 许先生的老婆

许先生认识张、王、杨、郭、周五位女士，其中：

①五位女士分别属于两个年龄档，有三位小于 30 岁，两位大于 30 岁。

②五位女士的职业有两位是教师，其他三位是秘书。

③张和杨属于相同年龄档。

④郭和周不属于相同年龄档。

⑤王和周的职业相同。

⑥杨和郭的职业不同。

⑦许先生的老婆是一位年龄大于 30 岁的教师。

请问：谁是许先生的未婚妻？

A. 张

B. 王

C. 杨

D. 郭

E. 周

205. 七位议员和三个议案

有 A、B、C、D、E、F 和 G 七位国务议员能参加 I 号、II 号、III 号议案的表决。按照议会规定，有四位或者四位以上议员投赞成票时，一项议案才可以通过，并且每个议员都不可弃权，必须对所有议案作出表决。已知：

① A 反对这三项议案。

②其他每位议员至少赞成一项议案，也至少反对一项议案。

③ B 反对 I 号议案。

④ G 反对 II 号和 III 号议案。

⑤ D 和 C 持同样态度。

⑥ F 和 G 持同样态度。

问题：

（1）赞成Ⅰ号议案的议员是哪一位？

A. B

B. C

C. D

D. E

E. G

（2）Ⅱ号议案能得到的最高票数是多少？

A. 2

B. 3

C. 4

D. 5

E. 6

（3）下面的断定中，哪一个是错的？

A. B 和 C 同意同一议案。

B. B 和 G 同意同一议案。

C. B 一票赞成，两票反对。

D. C 两票赞成，一票反对。

E. F 一票赞成，两票反对。

（4）如果三项议案中某一项议案被通过，下列哪一位议员肯定投赞成票呢？

A. B

B. C

C. E

D. F

E. G

（5）如果 E 的表决跟 G 一样，那么我们可以确定：

A. Ⅰ号议案将被通过。

B. Ⅰ号议案将被否决。

C. Ⅱ号议案将被通过。

D. Ⅱ号议案将被否决。

E. Ⅲ号议案将被通过。

（6）如果 C 赞成Ⅱ号和Ⅲ号议案，那么我们可以确定：

A. Ⅰ号议案将被通过。

B. Ⅰ号议案将被否决。

C. Ⅱ号议案将被通过。

D. Ⅱ号议案将被否决。

E. Ⅲ号议案将被通过。

206. 他们分别是教什么的老师

在一个办公室里有三位老师：王、李、赵，他们所教的科目为：数学、物理、政治、英语、语文、历史，而且每位老师都要教两门课。他们之间有这样的规定：

①政治老师和数学老师住在一起。

②王老师是三位老师中最年轻的。

③数学老师和赵老师是一对优秀的象棋手。

④物理老师比英语老师年长，比一位老师又年轻。

⑤三人中最年长的老师的家比其他两位老师远。

请问：他们分别是教什么的老师？

207. 勋爵的伤

有一个英国勋爵，受了一点轻微的伤，就去请著名的外科医生塞缪尔·夏普。夏普给"病人"检查后，立即吩咐勋爵的仆人赶快跑到药店去取药。

勋爵听到这急促的吩咐后，脸色都吓白了。他紧张万分地问外科医生："我的伤口看来很危险吧？"

"是的，如果您的仆人不尽快跑的话，那么我担心将会发生什么意外。"

试问，会发生什么意外呢？

208. 谁做了这件事

一件事难坏了领导，他一直不知道是谁做的。下面的事实成立，你猜猜谁做了这件事：

①甲、乙、丙中至少有一个人做了这件事。

②甲做了这件事，乙、丙也做了。

③丙做了这件事，甲、乙也做了。

④乙做了这件事，没有其他人做这件事。

⑤甲、丙中至少一人做了这件事。

209. 排队猜帽子颜色

有 10 个人站成一队，每个人头上都戴着一顶帽子，帽子有 3 顶红的，4 顶黑的 5 顶白的。每个人不能看到自己的帽子，只能看到前面的人的帽子。最后一个人能够看到前面 9 个人的帽子颜色，倒数第二个人能够看到前面 8 个人的帽子颜色，以此类推，第一个人什么也看不到。

现在从最后面的那个人开始，问他是不是知道自己所带帽子的颜色，如果他回答不知道，就继续问前面的人。如果后面的 9 个人都不知道，那么最前面的人能知道自己颜色的帽子吗？为什么？

210. 副手的姓

王局长有 3 位朋友：老张、老陈和老孙。机车上有三位乘客，他们分别是秘书、副手和司机，这三个乘客与老张朋友的姓氏是一样的。

①乘客老陈的家住天津。

②乘客老张是一位工人，有 20 年工龄。

③副手家住北京和天津之间。

④机车上的老孙常和司机下棋。

⑤乘客之一是副手的邻居，他也是一名老工人，工龄正好是副手的 3 倍。

⑥与副手同姓的乘客家住北京。

根据上面的资料，副手姓什么？

211. 他们在做什么

住在学校宿舍的同一房间的四个学生 A、B、C、D 正在听一首流行歌曲。她们当中有一个人在剪指甲，一个人在写东西，一个人站在阳台上，另一个人在看书。请问 A、B、C、D 各自都在做什么？

已知：

①A 不在剪指甲，也不在看书。

②B 没有站在阳台上，也没有剪指甲。

③如果 A 没有站在阳台上，那么 D 不在剪指甲。

④C 既没有看书，也没有剪指甲。

⑤D 不在看书，也没有站在阳台上。

212. 这件事是谁干的

小花、小丽、小绿三个同学中有一人帮助生病的小红补好了笔记，当小红问这是谁干的好事时。

小花说："小丽干的。"

小丽说："不是我干的。"

小绿说："也不是我干的。"

事实上，有两个人在说假话，只有一个说的是真话。那以，这件好事到底是谁做的？

213. 排名次

A、B、C、D四个学生参加一次数学竞赛，赛后他们四人预测名次如下：

A 说："C 第一，我第三。"

B 说："我第一，D 第四。"

C 说："我第三，D 第二。"

D 没有说话。

公布考试成绩时，他们每人预测对了一半，请说出他们竞赛的排名次序。

214. 选手与奖次

小青、小刚、小红三个学生参加迎春杯比赛，他们是来自汉县、沙镇、水乡的选手，并分别获得一、二、三等奖，现在知道的情况是：

①小青不是汉县选手。

②小刚不是沙镇选手。

③汉县的选手不是一等奖。

④沙镇的选手得二等奖。

⑤小刚不是三等奖。

根据上述情况，小红应是什么选手，她得的是几等奖？

215. 判断年龄

A、B、C 在一起谈论年龄，他们每人都说三句话，其中每人有两句话是真话，一句话是假话。

A 说："我今年才 22 岁，我比 B 小两岁，我比 C 大 1 岁。"

B 说："我不是年龄最小的，我和 C 相差 3 岁，C25 岁了。"

C 说："我比 A 小，B 是 25 岁，B 比 A 大 3 岁。"

根据以上三句话请判断他们三人的年龄。

216. M 比赛了几盘

A、B、C、D 与 M 五人一起比赛象棋，每两个人都要比赛一盘，到现在为止，A 比赛了 4 盘，B 比赛了 3 盘，C 比赛了 2 盘，D 比赛了 1 盘，问 M 比赛了几盘？

217. 他们的职业是什么

有这样三个人，他们分别姓李、蒋和刘，他们每人身兼两职，三个人的六种职业是作家、音乐家、美术家、话剧演员、诗人和工人，同时还知道以下的事实：

①音乐家以前对工人谈论过对"古典音乐"的欣赏。

②音乐家出国访问时，美术家和李曾去送行。

③工人的爱人是作家的妹妹。

④作家和诗人曾经在一起探讨"百花齐放"的问题。

（5）美术家曾与姓蒋的看过电影。

（6）姓刘的善下棋，姓蒋的和那作家跟他对弈时，屡战屡败。

请判辨他们的职业是什么？

218. 谁是罪犯

一名警察有一天抓住4名盗窃犯A、B、C、D，下面是他们的答话：

A 说："是 B 干的。"

B 说："是 D 干的。"

C 说："不是我干的。"

D 说："B 在说谎话。"

事实证明，在这四个盗窃犯中只有一人说的是真话，你知道罪犯是谁吗？

219. 密码组合问题

一种密码只由数字1、2、3、4、5组成，这些数字只有符合下列条件才能组成密码。这组数字是：

①密码最短为两个数字，可以重复。

②1 不能为首。

③如果在某一密码文字中有2，则2就得出现两次以上。

④3 不可为最后一个字母，也不可为倒数第二个字母。

⑤如果这个密码文字中有1，那么一定有4。

⑥除非这个密码文字中有2，否则5不可能是最后一个字母。

问题：

（1）下列哪一个数字可以放在 2 与 5 后面形成一个由三个数字组成的密码？

A. 1

B. 2

C. 3

D. 4

E. 5

（2）下列哪一组是一个符合条件的密码？

A. 1224

B. 2532

C. 3225

D. 4315

E. 5413

（3）如果某一种密码只有数字 1、2、3 可用，而且每个密码只能用两个数字组成，那么可组成密码的总数是？

A. 1

B. 3

C. 6

D. 9

E. 12

（4）1、2、3、4、5 等五个数字能组成几个由三个相同数字组成的密码？

A. 1

B. 2

C. 3

D. 4

E. 5

（5）下列五组字母中，有一组不是密码，但是只要改变数字的顺序，它也可以成为一个密码。这组数字是？

A. 22345

B. 22214

C. 31454

D. 41232

E. 53322

（6）下列选项不能使密码3322514变成另一个密码的是？

A. 用4替换每个2

B. 用5替换第一个3

C. 用5替换4

D. 把5移至4右边

E. 把第二个3移至1的左边

（7）下列哪一组密码能用其中的某个数字来替换这个密码中的8，从而组成一个符合规则的密码？

A. 31845

B. 38134

C. 83315

D. 83521

E. 851224

220. 一家人

有这样的一个三口之家，父母在结婚前，有一个人总是说真话，有一个人总是说假话，结婚后的两个人受到双方的影响，讲真话的人已习惯于每讲三句真话就讲一句假话，讲假话的人，则习惯于每讲三句假话就要讲一句真话。讲真话的是苗族人，讲假话的是傣族人。而他们的儿子结合两个人的性格，有时说真话，有时说假话，有时真假交替。这家人每人都有自己的数字代号，他们的名字分别是甲、乙、丙。

一家人进行了不记名谈话，根据他们的谈话，我们猜测一下：A、B、C 三人的身份，以及他们各自的名字、民族和代号？

他们讲的话如下：

A：

①甲的号码是三人中最大的。

②我过去是个苗族。

③B 是我的妻子。

④我的号码比 B 的大 22。

B：

① A 是我的儿子。

②我的名字是甲。

③ C 的号码是 54 或 78 或 81。

④ C 过去是个傣族。

C：

①乙的号码比丙的大 10。

② A 是我的父亲。

③ A 的号码是 66 或 68 或 103。

④ B 过去是个苗族。

221. 住中间房间的人是谁

张涛、李明和赵亮三人住在三个相邻的房间内，他们之间满足这几样的条件：

①每个人喜欢一种宠物，一种饮料，一种啤酒，不是兔就是猫，不是果粒橙就是葡萄汁，不是青岛就是哈尔滨。

②张涛住在喝哈尔滨者的隔壁。

③李明住在爱兔者的隔壁。

④赵亮住在喝果粒橙者的隔壁。

⑤没有一个喝青岛者喝果粒橙。

⑥至少有一个爱猫者喜欢喝青岛啤酒。

⑦至少有一个喝葡萄汁者住在一个爱兔者的隔壁。

⑧任何两人的相同爱好不超过一种。

住中间房间的人是谁？

提示：判定哪些三个爱好组合可以符合这三人的情况；然后判定哪一个组合与住在中间的人相符合。

222. 三胞胎

a、b、c、d、e 和 f 是两对三胞胎，已知下列条件：

①同胞兄弟姐妹不能婚配。

②同性之间不能婚配。

③在这六人中，四人是男性，二人是女性。

④在这三胞胎中，没有属于同性兄弟或姐妹的。

⑤a与d结为夫妇。

⑥b是e的惟一的兄弟。

问题：

（1）在下列的双胞胎中，谁和谁不可能是兄弟姐妹关系？

A. a和e。

B. c和f。

C. d和e。

D. d和f。

E. f和e。

（2）在下列何种条件下，f肯定为女性？

A. a和e属于同胞兄弟姐妹。

B. e和f属于同胞兄弟姐妹。

C. d和e属于同胞兄弟姐妹。

D. c是d的小姑。

E. c是d的小叔。

（3）下列的判断中哪个肯定是错误的？

A. c是d的小姑。

B. e是d的小姑。

C. b是d的小叔。

D. c是d的小叔。

E. e是d的小叔。

（4）如果e和f结为夫妇，下列哪一判断肯定正确？

A. c是男的。

B. f是男的。

C. a是女的。

D. b 是女的。

E. d 是女的。

（5）如果 d 和 f 是兄弟关系，那么下列哪一判断肯定正确？

A. a 和 c 属于同胞兄弟姐妹。

B. b 和 d 属于同胞兄弟姐妹。

C. a 是男的。

D. c 是女的。

E. e 是女的。

223. 海盗分赃物

有一天，有 5 个很精明的海盗抢到 100 个金币，他们决定依次由甲，乙，丙，丁，卯五个海盗来分。当由甲分时，剩下的海盗表决，如果乙，丙，丁，卯四人中有一半以上反对就把甲扔下海，再由乙分……以此类推；如果一半及以上的人同意，就按甲的分法。

请问甲要依次分给乙，丙，丁，卯多少才能不被扔下海并且让自己拿到最多？

224. 谁养鱼

前提：

①有五座五种不同颜色的房子。

②每座房子的主人有着各自的国籍。

③五人中，每人只喝一种饮料，只抽一种香烟，也只养一种动物。

④五人中，没有人养有相同的动物，抽相同牌子的香烟，喝相

同的饮料。

提示：

①美国人所住的房子是红色的。

②瑞典人养的是小狗。

③英国人喝的是茶。

④绿色房子位于青房子左边。

⑤颜色为绿色房子的主人喝咖啡。

⑥抽 AALL MALL 烟的人养了一只小鸟。

⑦颜色为黄色房子的主人吸 HUNHILL 烟。

⑧位于中间的房子，其主人喝牛奶。

⑨挪威人住的是第一间房子。

⑩吸拉特烟的人住在养猫人的旁边。

⑪养马人住在吸 KUNHILL 烟人的旁边。

⑫吸 MASER 烟的人喝啤酒。

⑬德国人吸 PRINCE 烟。

⑭挪威人住在蓝色房子附近。

⑮吸拉特烟的人的邻居喝矿泉水。

请回答：谁养的是鱼？

225. 老师挑了一张什么牌

A、B、C 三位学生知道方桌的抽屉里有这些扑克牌：

红桃 A、Q、4

黑桃 J、8、4、2、7、3

梅花 K、Q、5、4、6

方块 K、5

一位老师从这些牌中挑出一张牌来，并把这张牌的点数告诉 B 同学，把这张牌的花色告诉 C 同学。这时，老师问 B 和 C：你们能从已知的点数或花色中猜出它是什么牌吗？于是，A 同学听到他们的对话：

B 同学：这张牌我不清楚。

C 同学：我知道你不知道这它是什么牌。

B 同学：现在我知道它是什么牌了。

C 同学：我也知道了。

听过上述的对话，A 同学想了一下，就知道这张牌是什么牌了。

请判断一下，这张牌是什么牌？

226. 猜猜比赛者的名次

在一所学校里，有穿绿、黑、青、白、紫五种不同运动服的五支运动队参加长跑比赛。有 A、B、C、D、E 五位小学生猜比赛者的名次，条件是每个小学生只准猜两支运动队的名次。

学生 A 猜：紫队第二，黑队第三。

学生 B 猜：青队第二，绿队第四。

学生 C 猜：绿队第一，白队第五。

学生 D 猜：青队第三，白队第四。

学生 E 猜：黑队第二，紫队第五。

这五名同学猜完后，发现每人都猜对了一个队的名次，并且每队的名次只有一人猜对，请判断一下，这五名同学各猜对了哪个队的名次？

126

227. 谁是聪明的人

张明、李浩和赵冰三人，每个人都恰有三个非常好的特点，这些特点符合下面的要求：

①两个人非常理智，两个人非常美貌，两个人非常幽默，两个人非常乐观，一个人非常聪明。

②张明：

a 如果他非常乐观，那么他也非常美貌。

b. 如果他非常美貌，那么他不是非常理智。

③李浩：

a 如果他非常乐观，那么他也非常理智。

b. 如果他非常理智，那么他也非常美貌。

④赵冰：

a. 如果他非常美貌，那么他也非常幽默。

b. 如果他非常幽默，那么他不是非常乐观。

请问，他们三人中到底谁是聪明人？

提示：判定每个人的特点的可能组合，然后分别假定张明、李浩或赵冰具有聪明的特点。只有在一种情况下，不会出现矛盾。

228. 冠军是谁

张云、李阳、郑明、杨林和宋剑每人都参加了两次羽毛球联赛。

①每次联赛只进行了四场比赛：张云对李阳；张云对宋剑；郑明对杨林；郑明对宋剑。

127

②两次联赛中仅有一场比赛胜负情况不变。

③张云是第一次联赛的冠军。

④在两次联赛中，实行一场淘汰赛，只有冠军一场都不输的。

另一场联赛的冠军是谁？

注：两次联赛中都不会有平局的情况。

229. 抓猫

一个神经质的病人，总是诉苦说他的胃中有一只猫，在里面又撕又抓搅得他很痛。

一日，他得了盲肠炎，外科医生决定乘机医好他的病。他准备一只猫，当病人麻醉消失时，医生举着猫说："你现在完全好了，看我们捉到了什么。"

病人凝视了一下，并按了一下自己的胃，他又叫了起来。

试问，他为什么又叫起来了呢？

230. 印象派画

一位印象派画家画了一幅作品，题为《日出》，并去展览。

在展览会上，工作人员不知是无知还是疏忽，把这幅大作给挂倒了。他们正准备把它纠正过来，这时画家走上前来制止说："不必了。"

试问，这是为什么呢？

231. 比富

在一列开往欧洲的火车上，同一车厢里坐着一个俄罗斯人、一个古巴人、一个美国商人和一个美国律师。

途中，俄罗斯人取出一瓶伏特加，逐个给大家斟酒，然后将剩下的半瓶往窗外一甩。

"你这样不是太浪费了吗？"美国商人惊奇地问。

"俄罗斯有的是伏特加，"俄罗斯人非常骄傲地说："我们根本喝不完。"

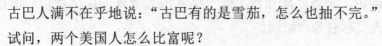

过了一会儿，古巴人拿出几根哈瓦那雪茄分给同伴，他自己也点燃了一根，可没吸几口就扔出窗外。美国商人又开始奇怪地问："我想古巴的经济并不怎么景气，为何这么好的雪茄就给扔了呢？"

古巴人满不在乎地说："古巴有的是雪茄，怎么也抽不完。"

试问，两个美国人怎么比富呢？

232. 公牛追人

两个朋友一个叫彼得，一个叫约翰，相约结伴去英格兰度假。一个美丽的早晨，他们出去散步，沿着一条山路走了好几英里，那儿到处有牛群，它们正在闲散地吃草。

当这两个朋友穿过一片草地时，一头受了惊的公牛向他们飞奔过来。彼得首先看到了奔过来的公牛，惊呼一声，急忙跑向一棵大树，迅速地爬上去。

约翰动作慢了点，来不及爬树。他看到地面有一个大坑，就跳下去隐蔽起来。那头疯狂的公牛跑得非常快，从洞口冲了过去。约翰立刻从坑里钻出来跑开。公牛失去目标后，停下来转过身子，发现了约翰又追过去，他只好往回跑，公牛紧追不舍，到了坑口，他又跳进坑里藏起来，等公牛跑过去，他急忙出来。一会儿公牛又追过来，他只得再次跳进坑里。

这样反反复复好几次，树上的彼得看得很清楚，他忍不住喊起来：“嗨，你怎么这么笨，你躲着不出来，等牛跑远了不就行了吗？”

但当约翰回答后，彼得也无话可说了。

试问，约翰为什么这样做呢？

233. 扑火蛇

据说，一条“库加沙”蛇可供三四人夜晚的照明使用，所以当地黑人又称它为“蜡烛蛇”。

南美洲也是令人神往不已的地方，在其北部亚马逊河畔茂密的森林中，有一种头上覆盖着肉瘤般的鳞片、周身布满菱形黑褐色斑点的蛇，当地人叫它“苏鲁库库”。

人们都知道，火是许多猛兽、恶禽、毒虫都望而生畏的东西。但是，当科学考察队在营地烧起篝火时，“苏鲁库库”会迅猛地窜上来扑打火焰，并且非把火扑熄不可。曾经有人为了避开它，正亮起一支火把准备把帐篷迁开，谁知“苏鲁库库”却迫不及待地腾空而起将火把扑灭了……

试问，这种蛇为什么不怕火呢？

234. 手辨颜色

在伊拉克首都巴格达大街尽头的一个小货摊前面，摆着许多精致光滑的罐子，有白色的、有黑色的。温暖的阳光洒在上面，光彩照人，货主不停地吆喝着，招揽来往的行人。

有个盲人，听到喊声走过去，向货主说："我想买个罐子，不知道是什么样子的？"货主忙做了一番介绍，然后说："先生，这是巴格达最好的罐子，我不欺骗你——骗人要受到惩罚的。买一个吧，几十个罐子，就只剩这几个了。"说着连连敲打着罐子，发出清脆的响声。

盲人又问："你的罐子是什么颜色的？""*4*个白的，*1*个黑的，一共*5*个。"货主说："白的*2*元*1*个，黑的*3*元*1*个。别看黑的贵，一分钱一分货，黑的结实，耐用。"

"那就买一个黑的吧。"盲人说着，掏出钱付给货主。

奸诈的货主收下钱，把一只白罐子给了盲人。

盲人接过罐子，上下摸了个遍，又伸手摸其余*4*个。摸过后，盲人突然高声喊道："你这个狡猾的商人，为什么欺骗一个双目失明的人？"

试问，盲人为什么这样说呢？

235. 名片

美国亿万富翁安德鲁·卡内基，喜欢穿得像普通人一样在公众中行走。

一天，他乘坐在禁止吸烟的车厢里。见旁边坐着一个男子正在抽烟斗，卡内基提醒他："在禁烟车吸烟是不允许的。"

那人满不在乎地说："不要紧，先生。"说完，继续抽烟。

卡内基认为如果亮出自己的名片，对方准会听他的话，于是他取出自己的名片，递给那个男子。那个男子看了看，不慌不忙地把它放进衣袋里又继续抽他的烟。在下一站，这个男子出去了，卡内基提醒监督员并要求查明这个不守纪律者的姓名以便给他一点处罚。但监督员却不想处罚这个男子。

试问，这是为什么呢？

236. 我不是鹿

欧洲有位君主虽年事已高，视力不好，但他每年仍有猎鹿豪兴。

他的副官每次总要陪着君主外出猎鹿，但害怕君主看不清误射自己。有一次，他写了"我不是鹿"的牌子挂在背上，走了不久，突然听到"砰"的一枪，副官腿上中弹倒下。君主赶来，副官诉苦说："陛下难道没看见我背上的字吗？"君主走近细看，说了一句话，使那副官哭笑不得。

试问，君主说了什么话呢？

附：答案

1.先把啤酒瓶底的直径测量出来,这样就可以计算出瓶底的面积。再在瓶中注入约一半的水, 测出水的高度, 做好记录;盖好瓶口后,把瓶子倒过来测量出瓶底到水面的高度,做记录。将两个做好的记录相加再乘以瓶底的面积便可知啤酒瓶的容积了。

2.10页。因为她每天只读10页就可以了,只有9月5日那天除外,之后的日子还是一天读10页。

3.一只。因为只有一只无法交配。

4.答案:第一排:花花、球球、咪咪

第二排:蓝蓝、黑黑、忽忽

5.在这两次交易中, 每次都赚了1万元, 也就是一共赚了2万元。

6. B

由题干可得, 父亲在电视旁边看报都没有说电视声音过大, 电视声音没有影响父亲看报, 也不会影响小李看书。若B项成立, 父亲自备耳塞说明电视的音量已经影响了父亲, 只是耳塞的效果很好, 则母亲推理的论据完全不成立。因此, B项为真最能表明母亲拒绝调小电视声音是错误的。

7.从题意中可知, 王国比作家大, 说明他不是作家。宋河和推销员不同岁, 说明宋河不是设计师。推销员比代涛小, 说明代涛也不是设计师。所以三人的职业分别是宋河是作家、代涛是警员、王国是设计师。

8. B

9. C

10. C

11. A

12. D

13. C

14. D

15. B

16. A

17. D

18. A

19. 略

20. B

21. A

22. D

23. 和尚出门前先把寺里的挂钟上满弦使之走动，并记住当时的时间，等到回来再根据时间计算路程所用的时间，将其一半的时间加上从施主家里所问的时间，就是正确的时间。

24. 首先，假设莉娜说"我是恶魔"，那就说明了恶魔说了真话。所以，这个人不可能是莉娜。如果是安琪说了"我是恶魔"的话，就说明天使撒谎了。所以，也不可能是安琪。那么，这个人只能是凡人伊斯了。

25. B 不是科学家，因为若 B 是科学家，那么 C 也是科学家，与只有一人是科学家相悖。所以 B 预言是错的，C 也不是科学家。所以 C 预言也是错的，D 会成为演奏家，那么 D 也不是科学家，D 预言也是错的。

如果只有 A 是科学家，B 不是舞蹈家，那么 B 就是思想家，剩下 C 是舞蹈家。所以 A 是科学家，B 是思想家，C 是舞蹈家，D 是演奏家。

26.简的妻子为了保住遗产，所以故意拿了没有墨汁的钢笔给了简，而简和库尔因为眼睛看不到，所以最终把没有字的白纸保存了下来。然而，虽然白纸上没有字，但却留下了钢笔画过的痕迹。如果仔细鉴定的话，还是可以分辨出来的。所以，遗嘱依然有效。

27.秋香是大毛的新娘；春香是二毛的新娘；冬香是三毛的新娘。

28.甲、乙、戊、庚为男性；丁、丙、己为女性。

29.

首先，先来做一个简单的归纳：

甲、丙、戊、乙、丁

中、英、英、法、法、法、日、日、中

这样安排，各国代表就能很轻松的自由交谈起来。

30. C

31. E

32. D

A、B和E都可以减慢这种斯比乐植物的灭绝，但最能削弱上述论断的是D。既然可以人工培育，该种植物就不会灭绝了。

33.他们的顺序是E、C、F、D、A、B。

34.小红说："这不是铁，这是锡。"（都错）

第二个人说："不对，是铁不是锡。"（都对）

第三人说："这不是铁也不是铜。"（一对一错）

所以答案就是，这块金属是铁。

35. D

解析：由题意可知："如果小达和小丝不去美国，那么小尤去纽约"等价于其逆否命题"如果小尤不去纽约，那么小达或小丝至少有一人去美国"加上选项D这个条件，即"小丝不去美国，小尤不去纽约"，那么就可以肯定"小达去美国"。选项C的条件是不足以推出结论的。

36. 其实，卡片上的正方形的数量对你来说无关紧要。因为拿不到奖金的几率总是2：1。

37. 他说："我不考了。"因为守门人对一个放弃考试的人是可能放他走的。

38. 小伙子抓起一个纸条立即放入口中吞下，剩下的9张全是"死"，县官只好承认小伙子抓的是"活"，只能把他放了。

39. 分析：从杰克的猜测中，我们可知只有"汤姆斯买的肯定不是皇冠车"这种猜测是正确的，那么他买的就只能是本田或奔驰。吉米应该买的不是奔驰，只能是皇冠或本田，那么吉米买的是皇冠车，瑞恩买的是奔驰车，汤姆斯买的是本田车。

40. 方决5

根据M："我不知道。"可以推出牌一定在A、Q、5、4中选。然后，根据N："我知道你不知道。"可以得出牌的花色一定不是黑桃和草花，而是花色在红桃和方块中选。

M也对此进行了分析，红桃：A、Q、4；方块、A、5。

而此时M说："现在我知道了。"如果是A，就会有红桃和方块两种可能，M就得不出答案，显然的M从老师那得知的这张牌的点数不会是A，那么M先生手的牌可能是红桃Q，可能是红桃4，也可能是方块5。

根据N说："我也知道了。"显然假设是红桃的话，N不可能得到答案，因为红桃有两张牌，即Q和4，所以这张牌必定是方块的，因此唯一的选择是方块5。

41. 如果你先取，取3枚，那无论对方取多少枚，赢的都是你。相同，如果后取，只要不是取这个关键的3枚，那赢的还是你。

42.有两个天使。分析如下：假设A是天使，那么A说的是真的。在B和C直间至少有一个是天使。那么B说有两种可能性。一种B的确也是天使，也就是说B说的也是真话，这样只能说明：C是魔鬼。第二种情况是，B是魔鬼，所以B说的是假话，也就说A和C之间至少有一个天使。而在假设A是天使前提下，通过A的话我们可以断定C一定是天使。所以从以上的假设和可能出现的两中情况可以推断出A、B、C中一定有两位天使。

43.这是语句造成的歧义的问题。即同一个语句因为判断的不同，可以表达出两个不同的意思。"在火车上画画"本身存在着以下两种解释：一、把画画在火车上，比如，把画画在车厢的内外两壁上；二、坐在火车里画画。根据小吴所讲的那样，就无法确切地断定"在火车上画画"表示哪一种。尽管小吴是用于表达第二种，但小张却理解为表达第一个种，因此引起了争论。

44.E

45.D

由题意可知，B和C三项都可能是真的，但一定是真的。E项也不一定是真的，因为可能丽华既不懂法语，也不懂英语。D项一定是真的，否则，丽华就会既懂英语，又懂法语，与题干矛盾。

46.从题意中可知莉莉安或者是医术世家的或者是猎户家的姑娘，或是从坏东手里或是从坏南手里救出来的，但医术世家的姑娘和从坏南手里救出的女子应该是别的女子，所以可以得到以下的3组搭配：

①莉莉安、世术世家的姑娘、坏东。

②莉莉安、猎户家的姑娘、坏东。

③莉莉安、猎户家的姑娘、坏南。

对于忆甜和思思也同样可以这样组合出以下几组：

④忆甜、商户家的姑娘、坏西。

⑤忆甜、猎户家的姑娘、坏西。

⑥忆甜、猎户家的姑娘、坏东。

⑦思思、商户家的姑娘、坏南。

⑧思思、商户家的姑娘、坏西。

⑨思思、医术世家的姑娘、坏西。

根据①②③莉莉安至少是猎户家的或者坏东的其中一方，⑥是不可能成立的，所以忆甜是坏西手上解救的。由以上可知⑧⑨不可能成立，⑦是正确的。这样的话，忆甜是⑤，莉莉安是①

所以，莉莉安、世术世家的姑娘、坏东；忆甜、猎户家的姑娘、坏西；思思、商户家的姑娘、坏南。

47.在老人的五个儿子中，因为其中有钱的人，不会承认有钱，所以说假话。没钱的人说真话，也不会承认有钱。因此，老五说的是假话。由此可知，老三没钱，说真话。进而我们可以推理出老大说的不可能是真话，否则老三说的是假话，这和已得到的结论矛盾。因此，老大有钱。又因为老大老二两人中至少一人没钱，所以老二没钱，他说真话。

所以，老人的五个儿子中，老大、老四和老五有钱，说假话；老二和老三没钱，说真话。

48.从题干中可知，4人的滞留日数共计20天。根据①，最长时间的是橙佳，日数在6天以下（根据②③来看，橙佳虽然最长也不过是2日入住7日离开的）。

假设黄莺和蓝莲分别滞留了4天以下，因为橙佳是6天以下，红叶就是6天以上了，不是最短的，所以黄莺和蓝莲都是5天。所以，橙佳是滞留了6天，2日入住7日离开的。根据③可知，蓝莲是从1日住到5日的。如果黄莺是从3日入住的话，7日离开，那就与橙佳重合了，所以黄莺是从4日到8日。剩下的红叶就是从3日到6日（滞留4日）。

　　所以，结果就是：

姓名	入住	离开
红叶	3 日	6 日
黄莺	4 日	8 日
蓝莲	1 日	5 日
橙佳	2 日	7 日

　　49. 由于医生和护士的总数是16名，从①和④得知：护士至少有9名，男医生最多是6名。于是，按照②，男护士必定不到6名。根据③，女护士少于男护士，所以男护士必定超过4名。根据上述推断，男护士多于4名少于6名，故男护士必定正好是5名。于是，护士必定不超过9名，所以正好是9名，包括5名男性和4名女性。男医生则不能少于6名，这样，必定只有1名女医生，使得总数为16名。

　　如果把一名男医生排除在外，则与②矛盾；把1名男护士排除在外，则与③矛盾；把1名女医生排除在外，则与④矛盾；把1名女护士排除，则与任何一条都不矛盾。因此，这个人应该是1名女护士。

　　50. A

　　51. 因为赵阳忘记了自己的闹钟是电子闹钟。所以，在显示数字的八条线中，有一条线是无法显示的。

　　52. 当冰融化成水的时候，体积就会减少1/12。

　　因为当体积为11的水结成冰时，体积会增加为12的冰，而体积为12的冰融化后会成为11的水，也就会减少1/12。

　　53. A：上次第4名；这次第2名

　　B：上次第2名；这次第3名

　　C：上次第3名；这次第4名

　　D：上次第1名；这次第1名

54. ①

55. 新的号码是：8712

56. 副司机姓张。根据1、2、3、5、6这五个条件就可以推出副司机姓张，再根据第4个条件就可以司机姓陈，那么，孙就是司炉的姓氏了。

57. E

如果小旭没及格，说明小华、小旭和小沈没有都及格，则由条件可推出小晴没及格，因而小晴和小沈不会都及格。因此，E是题干的一个推论，其余各项均不能从题干中推出。

58. 猫能追上老鼠，猫跑60步就可以抓到老鼠了。

59. 答案："鸡尾酒"先生所收到的礼品是"威士忌"先生送的。"茅台"先生送给"白兰地"先生的是鸡尾酒；"白兰地"先生送给"威士忌"先生的是伏特加酒；"威士忌"先生送给"鸡尾酒"先生的是茅台酒；"鸡尾酒"先生送给"伏特加"先生的是白兰地酒；"伏特加"先生送给"茅台"先生威士忌酒。

60. 6站。很多人会算有13人坐到终点站，其实最后问的却是停了几站，那么那些上车下车的人数也就成了多余的条件了。

61. C

62. 因为21岁的女孩不是去了A岛（印玉）（③），所以，21岁的是张虹。所以可推断，19岁的是印玉。

姓名	年龄	岛	野鸡蛋
张虹	21岁		1个或2个
印玉	19岁	A	1个或2个
东晴	18岁		
西雨	20岁		3个

假设张虹有2个的话，那么印玉就有3个，这与④相互矛盾。所以，张虹是1个，印玉是2个。因此可知，在C岛发现了2个野鸡蛋，

去 C 岛的是东晴。

根据条件⑥可知，张虹去了 D 岛，剩下的西雨去了 B 岛。

所以，结果就是：

姓名	年龄	岛	野鸡蛋
张虹	21 岁	D	1 个
印玉	19 岁	A	2 个
东晴	18 岁	C	2 个
西雨	20 岁	B	3 个

63.日的弟弟是 D；月的弟弟是 B；水的弟弟是 A；火的弟弟是 C。由题知三人中，只有 D 的哥哥说的是真话，可推出月说的是假话。再根据月的话，可知水也不可能是 D 的哥哥，所以，水的话也是假的。继而推出，日说的是实话。即月的弟弟是 B，水的弟弟是 A。

64.老人家将自家的一匹马牵了过来对他们说，我先借给你们一只马，现在一共有 18 匹马，按照遗嘱上说的，老大分二分之一即 9 匹，老二分三分之一就是 6 匹，老三分九分之一则为 2 匹，剩下的一匹还是我的。

65.首先，甲所说的"挑了赵、王、刘三人去"，很明显这与④中所说的"王、孙两人都去或都不去"相互矛盾。所以甲的分配不合题意。

其次，丙和丁所说的与上述所列的"③赵、钱、刘三人中要派两人去"相互矛盾，所以丙和丁两人的分配也不合题意。

最后，乙所说的"挑了赵、王、孙、刘四人去"，与上述所列的人选配备注意事项都符合，所以乙的分配最符合题意。

66.赔了。有人可能会说他损失了 800 元的珍珠和找给客人的 200 元，还有赔给商店老板的 1 000 元钱，一共是 2 000 元。其实，他只赔了 1 000 元；当他拿那张空头支票换取了 1 000 元现金时，是净利润，又付出了 800 元的珍珠与 200 元的现金，这样算下来正好利润为 0，只有赔给商店老板的 1 000 元才是他真正付出的。所以他只赔了被顾客骗走的 1 000 元财物。

67. 先从这道题的题干出发，王与李的说法是互相矛盾的，所以可以排除王、李捐的款。如果说真话的是这两个人中的一人，那么张、赵说的就是假话。所以可以推理出是张捐的款。

68. 乙夫妇被隔开了

69. A 可组成的密码文字的总数是 1。从已知条件 2、4、5 可知，三个字母中 A 和 C 两个字母在这样的条件下是不可能有用场的。因此只有 B 一个字母可用；再根据已知条件 3，可得知这样的密码文字只有 BB 一种。

B. 正确为 d。d 组中的密码文字明显违反已知条件 4，但只要将 C 与前三个字母 DAB 任一位置交换即可变成一个完全符合条件的密码文字。

70. 这张牌应该是梅花 3。

首先，甲知道大小但不确定花色，不知道是什么牌，可见概率应该是 1/2，也就是这种牌有两种花色。

其次，由一可推知方块中的 2 和 9 牌肯定不是，乙只知道花色不确定大小，他说也不知道，那么可能的猜测就是方块 3 和梅花 3 了。而甲又说他知道了，所以应该是梅花 3。

71. DESMOND = 7591067

$$
\begin{array}{r}
\text{S E N D} \\
+\text{M O R E} \\
\hline
\text{M O N E Y}
\end{array}
\qquad
\begin{array}{r}
9567 \\
+1085 \\
\hline
10652
\end{array}
$$

72. 既然 A 先生拆下第 3 页到第 12 页后剩下 190 页。我们可以依此推算出本书的编排，也就是 3 页、4 页是一张纸，5 页、6 页是一张纸……那么A先生第二次拆下第56—75页，实际上拆了55—76页，因为55页和56页，75页和76页是印在同一张纸上的，不可能分开。所以这本书还剩下 $190 - 22 = 168$（页）

73. 贝涅吉克托夫故事的结尾是这样的：

这个题目的确是很伤脑筋。三位姑娘在去市场的路上边走边商量。后来，二姑娘、三姑娘都请大姐出主意，大姐想了想，说：

"妹妹们，我们以前都是十个蛋十个蛋地出售，这次我们不这样做，改成七个蛋七个蛋地卖。每七个蛋一份，我们给每一份订一个价钱，按妈妈的嘱咐，我们三个人都得遵守。是的，一分钱也不让价！每次卖一个阿尔登（3分），你们觉得怎么样？"

"那太便宜了。"二姑娘说。

"可是我们把七个一份按份出售的鸡蛋卖完后，提高剩余各蛋的价钱呀！我已经注意到，今天市场上卖鸡蛋的除我们三人外，再无他人，因此不会有人压低我们的价钱。那么，剩下的这些鸡蛋，只要有人急用，鸡蛋又剩得不多了，价钱自然要上涨。我们就是要用剩下的那些鸡蛋赚回来。"

"那么，剩下的那些鸡蛋卖什么价钱呢？"

"每个蛋卖三个阿尔登。就这个价。急等鸡蛋下锅的买主是会出这个价钱的。"

"太贵了点。"又是二姑娘发言。

"那有什么，"大姐回答说，"我们'七个一份'的鸡蛋卖的不是太便宜吗？两者刚好抵销。"

大家都同意了。

到了市场，姐妹三人各自找地方坐了下来卖她们的鸡蛋。买东西的人看到鸡蛋如此便宜，都跑到三姑娘那儿，她的50个鸡蛋分为七份出售，卖了七个阿尔登，筐子里还剩下一个鸡蛋。二姑娘有30

个鸡蛋，七个一份地卖给了四个顾客，筐子里还剩下两个鸡蛋，赚了四个阿尔登。大姐则卖了一份七个的蛋，赚了一个阿尔登，剩下了三个蛋。

这时，市场上赶来了一位女厨师，是奉主妇之命来采购的，她的任务是必须买到十只鸡蛋。原来，那位主妇的几个儿子回来探亲，都特别喜欢吃煎鸡蛋。女厨师在市场上转来转去，可鸡蛋都已经卖光了，卖鸡蛋的三个摊子上一共只剩下六个鸡蛋：一摊只有一个，另一摊只有两个，还有一摊只有三个。好吧，把这些都买来吧！女厨师首先跑到有三个蛋的摊子前面，这个正是大姐的摊子。女厨师问道：

"这三个鸡蛋卖多少钱？"

大姐回答说："三个阿尔登一个。"

"你怎么啦？发疯啦？"女厨师说。

大姐则说："随您的便，少一个钱也不卖。就这几个了。"

女厨师跑到筐里只有两个鸡蛋的摊子那里。"什么价钱？"

"三个阿尔登一个。不让价。"

"你这个鸡蛋卖多少钱？"女厨师问三姑娘。

三姑娘回答说："三个阿尔登。"

女厨师一点办法也没有。只好把蛋全部买下。

于是，女厨师付了九个阿尔登给大姑娘，买下她的三个鸡蛋。这样，连同原先卖出的一个阿尔登，大姑娘就一共卖了十个阿尔登。二姑娘的两个鸡蛋拿到了六个阿尔登，连同以前卖四份鸡蛋的四个阿尔登共得了十个阿尔登。三姑娘剩下的一个蛋卖了三个阿尔登，加上之前卖七份鸡蛋的七个阿尔登，一共也拿到了十个阿尔登。

三姐妹回到家里，每人交了十个阿尔登给妈妈。

74.要明白"15点"游戏的道理，其诀窍在于看出它在数学上是等价于"井"字游戏！使人感到惊奇的是，该等价关系是在著名的

144

33魔方的基础上建立的，而33魔方在中国古代就已发现了。

要了解这种魔方的妙处，先列出其和均等于15的所有三个数字的组合（不能使两个数字相同，不能有零）。这样的组合只有八组：$1+5+9=15$；$1+6+8=15$；$2+4+9=15$；$2+5+8=15$；$2+6+7=15$；$3+4+8=15$；$3+5+7=15$；$4+5+6=15$。

现在我们仔细观察一下以下独特的33魔方

2 9 4

7 5 3

6 1 8

应当注意的是，这里有八组元素，八组都在八条直线上：三行、三列、两条主对角线。每条直线等同于八组三个数字（它们加起来是15）中的一组。因此，在比赛游戏中每组获胜的三个数字，都由某一行、某一列或某条对角线在方阵上代表。

很明显，每一次游戏与在方阵上玩的"井"字游戏是有相同道理的。那个艺人卡尼先生在一张卡片上画上幻方图，把它放在游戏台下面，只有他能看到（别人是无法看到的）。只有一种位置的幻方图结构，但是它可以旋转出四种不同的组合形式，而每一种形式可通过反射，又产生出另外四种形式，共八种形式。在玩这种游戏时，这八种形式中的每一种都可用作秘诀，效果都是一样的。

在进行这"15点"游戏时，艺人卡尼先生暗自在玩卡片画上的相应"井"字游戏。玩这种游戏是不会输的，假如双方都正确无误地进行，最后就会出现和局。然而，参加游艺比赛的人总是处于不利的地位，因为他们没有掌握"井"字游戏的秘诀。因此，艺人卡尼先生很容易设置"陷井"，使其必然获胜。

75.两支蜡烛都点了3小时45分，这就是停电时间。

76.怀表指针停在 4 时 21 分 49 秒。这是因为在 12 小时内，时针与分针有 11 次重合机会。时针的速度又是分针的 1/12，因此在上一次重合之后，每隔 1 小时 5 分 $27\frac{8}{11}$ 秒，两针又要再度重合一次。在午夜零点以后，两针重合的时间是：

① 1 时 5 分 $27\frac{3}{11}$ 秒。

② 2 时 10 分 $54\frac{6}{11}$ 秒。

③ 3 时 16 分 $21\frac{9}{11}$ 秒。

④ 4 时 21 分 $49\frac{1}{11}$ 秒。

而警察看到秒针停在有斑点的地方正好是 49 秒处。

77.奇数 ×2＝偶数　　奇数 ×3＝奇数

偶数 ×2＝偶数　　　偶数 ×3＝偶数

而偶数＋偶数＝偶数　　　偶数＋奇数＝奇数

左手是奇数时，奇数 ×3 是奇数，奇数＋偶数（右手中的偶数 2），结果是奇数。

右手是奇数时，奇数 ×2＝偶数，偶数＋偶数（左手中的偶数 3），结果是偶数。

这就是最后结果与左手中数字奇偶相同的原因，也就是我这个猜法的根据。

小动物们恍然大悟……

78.牧场上的牛不仅要吃掉牧场上原有的草，还要吃掉牧场上新长出的草。因此，解答这道题的关键是要知道牧场上原有的牧草量和每星期草的生长量。

设每头牛每星期的吃草量为 1。

27 头牛 6 个星期的吃草量为 162，这既包括牧场上原有的草，也包括6个星期长的草。

23头牛9个星期的吃草量为207，这既包括牧场上原有的草，也包括9个星期长的草。

因为牧场上原有的草量一定，所以上面两式的差207 − 162 = 45正好是9个星期生长的草量与6个星期生长的草量的差。由此可以求出每星期草的生长量是45÷（9 − 6）= 15。

牧场上原有的草量是162 − 156 = 72，或207 − 159 = 72。

前面已假定每头牛每星期的吃草量为1，而每星期新长的草量为15，因此新长出的草可供15头牛吃。今要放牧21头牛，还余下21 − 5 = 6头牛要吃牧场上原有的草，这牧场上原有的草量够6头牛吃几个星期，就是21头牛吃完牧场上草的时间。72÷6 = 12（星期）。

也就是说，放牧21头牛，12个星期可以把牧场上的草吃光。

79.根据题意，红色铅笔分别与黄、蓝、绿、白四种颜色的铅笔搭配，有不重复的4组；黄色铅笔分别与蓝、绿、白三种颜色的铅笔搭配，有不重复的3组；蓝色铅笔分别与绿、白二种颜色的铅笔搭配，有不重复的2组；绿色铅笔与白色铅笔搭配，有不重复的1组。所以最多可以搭配成不重复的4 + 3 + 2 + 1 = 10组。

80.如果只剩4和5，5一定会反对4，因为没过半数，4一定被扔入大海，5得到全部宝石；

所以如果只剩3、4、5，4一定会支持3这样才能活下去；

而3提出的方案一定会通过，且有利于自己，即100、0、0；

因此3号一定想除掉前面的1和2，3肯定会反对1的方案；

2暂时忽略。如果1给4和5每人一个宝石就比没有强，4和5一般会支持；

147

所以考虑他们的心理，如果1死后，2也会给4、5一人一颗，这样的话，4和5就不一定支持1了，1只有再拿出一颗给4或5。大家再来看3，如果1不给他一颗，他是一定不会同意的，所以正确答案是：

96，0，1，1，2 或 96，0，1，2，1

81.那人说："我不缺钱，我是来这里做生意的，你们城里有什么地方可用5块钱停3天车的！？"

82.从第一下钟声响起，到敲响第六下共有5个"延时"、5个"间隔"，共计（3＋1）×5＝20秒。当第六下敲响后，小明要判断是否为清晨6点，他一定要等到"延时3秒"和"间隔1秒"都结束后而没有第七下敲响，才能判断出确是清晨6点。因此，答案应是：

（3＋1）×6＝24（秒）。

83.由第一个月到第十二个月，兔子的对数分别为：1，1，2，3，5，8，13，21，34，55，89，144。所以，满一年时可以繁殖出376对兔子。

84.也许大多数人都想让这两个青年重新跑一次。因为既然好青年能追上小偷，所以好青年一定跑得比小偷快。

这种回答一般还是有道理的。可是，一位同学的回答很有新意，也很有独创性。

这位同学是这样回答的：

估计命题者的意图，是要让两个青年重新跑一次，从而辨认出谁是小偷，谁是好青年。我认为用这种办法来破此案，极易冤枉好人，放过坏人。

因为人是有意识的动物，人的各种活动与心理状态有密切的关系。现在我们来看看小偷与追捕者的心理状态吧：作案者在作案时必然心虚，在心虚和恐惧的心理状态下，必定会减弱运动中枢神经的活动，使肌肉的作用不能充分发挥。另外，由于作案者在逃窜时要选择逃跑的道路，还要窥测前后左右的动向，做好"应变"的准备，因此大脑无法集中于跑步的动作。在这种情况下，作案者是跑不出正常速度的。

而追捕者的心理状态正好相反，他一股正气，情绪高昂，也不必分心择路。更重要的是由于追捕者还有一个为他人、为社会做好事的动机，使他的神经系统处于非常兴奋的状态，所以在追捕时，一般都会超过平时的运动水平，跑得飞快。

但是，当以赛跑来区别好人和坏人时，两个人的心理状态都会发生根本的变化。作案者在案发时的过分紧张心理已经松弛了。另外，由"倒打一耙"之计暂时得逞而洋洋得意，为使自己能从小偷变成"英雄"，他必然要"拼搏"一番。这样，作案者就往往处于较佳的竞技状态，因此赛跑时会跑得比逃跑时快得多。而见义勇为的好青年不顾个人安危，奋勇捉拿罪犯，反而受到怀疑，还要荒谬地通过与罪犯"平等"地赛跑来确定谁是小偷。因此，他大脑皮层的活动受到抑制，影响了肌肉和关节的活动。在这种心理状态下，追捕者的赛跑速度一般就要比抓小偷时慢了。由此可见，不加心理分析，用这种简单的赛跑方法来区别好人和坏人一定是靠不住的。

所以，要区分谁是小偷，还要再找证据加以证实。

85. 严格说来，0625不能算是四位数，只能看成四位密码锁上的一个号码。但是它的平方确实把这四位号码完全保留在平方数的尾部。况且，把0625也算在里面还有一个好处，就是保持了演变的连续性。上面这些等式左边的数，按照位数从少到多，顺次是5、25、625、0625、90625、890625。

这是一个在平方运算下具有数字遗传特性的家族。从这一列数中的每个数要得到它后面相邻的数，只需在原数前面加上一个适当的数字；要得到这列数中某个数前面相邻的数，只需划去原数最前面一位的数字。只要记下这列数中有一个数是890625，把它的数字从前往后顺次一个一个地划掉，就得到前面几个数了。

下面是另外一组有遗传特性的数：

$6^2 = 36$，

$76^2 = 5776$，

$376^2 = 141376$。

86. 对于这个问题，看起来似乎很简单，就是以40人中去掉所有4的倍数，再去掉所有6的倍数，加上4和6的公倍数。若那样想就错了。这里值得提醒大家注意的是要弄清"向后转"的含义。

事实上，在40人中，报数是4的倍数的有10人，报数是6的倍数的有6人，报数既是4的倍数又是6的倍数的有3人，且两次向后转之后已面向老师了。

不妨这样思考：

第一次老师请报数为4的倍数的学生向后转，面向老师的有 $40 - 10 = 30$ 人。

第二次老师请报数为6的倍数的学生向后转，因为40人中是6的倍数的有6人，这6人中有3个既是4的倍数，又是6的倍数，两次后转已面对老师，但另3个（6的倍数学生）向后转，恰是背对老师，虽然这6个人方向都发生了变化，但面向老师的人数却是没有变的。所以原题的答案应是：$40 - 10 - 3 + 3 = 30$ 人。

87. 因为河水的流动速度对划艇和草帽产生同样的影响，所以在求解这道趣题的时候可以对河水的流动速度完全不予考虑。虽然是河水在流动而河岸保持不动，但是我们可以设想是河水完全静止而河岸在移动。就我们所关心的划艇与草帽来说，这种设想和上述情况毫无差别。

既然渔夫离开草帽后划行了5英里，那么他当然是又向回划行了

5 英里，回到草帽那。因此，相对于河水来说，他总共划行了 10 英里。渔夫相对于河水的划行速度为每小时 5 英里，所以他一定是总共花了 2 小时划完这 10 英里。于是，他在下午 4 时找回了他那顶落水的草帽。

这种情况同计算地球表面上物体的速度和距离的情况相类似。地球虽然旋转着穿越太空，但是这种运动对它表面上的一切物体产生同样的效应，因此对于绝大多数速度和距离的问题，地球的这种运动可以完全不予考虑。

88. 许多试图解答这道趣题的人会这样对自己说："假设我取出的第一只是红色袜子。我需要取出另一只红色袜子来和它配对，但是取出的第二只袜子可能是蓝色袜子，而且下一只，再下一只，如此取下去，可能都是蓝色袜子，直到取出抽屉中全部 10 只蓝色袜子。于是，再下一只肯定是红色袜子，因此答案一定是 12 只袜子。"

但是，这种推理忽略了一些东西。题目中并没有限定是一双红色袜子，它只要求取出两只颜色相同从而能配对的袜子。如果取出的头两只袜子不能配对，那么第三只肯定能与头两只袜子中的一只配对，因此正确的答案是 3 只袜子。

89. 苹果是这样分的：把 3 个苹果各切成两半，把这 6 个半边苹果分给每人 1 块。另 2 个苹果每个切成 3 等份，这 6 等份苹果也分给每人 1 块。于是，每个孩子都得到了一个半边苹果和一个 3 等份苹果，6 个孩子都平均分到了苹果。

90. 那位妇人应分得 1 000 元，儿子分得 2 000 元，女儿 500 元。因为妇人所得的恰是儿子的一半，又是女儿的两倍。

91. 一只手表比另一只手表每小时快 3 分钟，所以经过 20 小时之后，它们的时差为 1 小时。

92. 厨师起先买了 16 只鸡蛋，但老板多给他 2 只，所以厨师总

151

共买了 18 只鸡蛋。

93. 让丈夫们坐好，把他们的妻子安排在他们每人的身边，这种坐法显然共有 6 种（而不是 24 种，因为我们考虑的只是位置的顺序）。现在，让每个丈夫留在自己原位，把第一位夫人换到第二位的座位上，把第二位夫人换到第三位的位置上，把第三位夫人换到第四位的位置上，而把第四位夫人换到第一位的位置上。这样坐法符合题意的要求，即丈夫不坐在自己夫人旁边。这种坐法也有 6 种，其中每种都可使夫人继续向前移一个位置，这就又得到 6 种可行的方案。但再想使夫人们调换座位就不可能了，否则的话，夫人们就该同他们的丈夫坐在一起了，只不过是换了一个方向而已。

因此，各种可能的就座方案共是 6 + 6 = 12 个。下面我们用罗马数字（从 I 到 IV）代表丈夫，用阿拉伯数字代表夫人（也是 1 到 4），做成下表，这样，一切就很清楚了。前 6 种排列方法是：

I 4　II 1　III 2　IV 3
I 3　II 4　III 1　IV 2
I 2　III 1　IV 3　II 4
I 4　III 2　IV 1　II 3
I 3　IV 1　II 4　III 2
I 2　IV 3　II 1　III 4

其他 6 种排法也一样，只不过男女所坐位置顺序相反而已。

94. 弟弟向后走了一会儿，就看见迎面驶来的电车，乘上了车。这辆车驶到大哥等车的车站，大哥上了车。过了不久，这辆车赶上了二弟，二弟也上了车。兄弟三人都坐在同一辆车上，当然也是同时回到家里。可是，最聪明的是大哥，他安逸地留在原站上等着，比两个弟弟少走了一段路。

95. 我们会惊人的发现是 999999。

142 + 857 = 999

14 + 28 + 57 = 99

最后，我们用 *142857* 乘与 *142857*

答案是：*20408122449* 前五位加上后五位的得数是多少呢？

20408 + 122449 = 142857

关于其中神奇的解答：

"*142857*"

它被发现于埃及金字塔内，是一组神奇数字，它证明一星期有 7 天。它自我累加一次，就由它的 6 个数字，依顺序轮值一次，到了第 7 天，它们就放假，由 *999999* 去代班，数字越加越大，每超过一星期轮回，每个数字需要分身一次，你不需要计算机，只要知道它的分身方法，就可以知道继续累加的答案，它还有更神奇的地方等待你去发掘！也许，它就是宇宙的密码……

1428571 = 142857（原数字）

1428572 = 285714（轮值）

1428573 = 428571（轮值）

1428574 = 571428（轮值）

1428575 = 714285（轮值）

1428576 = 857142（轮值）

1428577 = 999999（放假由 9 代班）

1428578 = 1142856（7 分身，即分为头一个数字 *1* 与尾数 *6*，数列内少了 7）

1428579 = 1285713（4 分身）

14285710 = 1428570（1 分身）

14285711 = 1571427（8 分身）

14285712 = 1714284（5 分身）

153

14285713 = 1857141（2 分身）

14285714 = 1999998（9 也需要分身变大）

继续算下去……

以上各数的单数和都是"9"，有可能藏着一个大秘密。

以上面的金字塔神秘数字举例：*1 + 4 + 2 + 8 + 5 + 7 = 27 = 2 + 7 = 9*，它们的单数和竟然都是"9"。依此类推，上面各个神秘数，它们的单数和都是"9"。怪也不怪！（它的双数和27还是3的三次方）无数巧合中必有概率，无数吻合中必有规律。何谓规律？大自然规定的纪律！科学就是总结事实，从中找出规律。

任意取一个数字，例如取48965，将这个数字的各个数字进行求和，结果为 *4 + 8 + 9 + 6 + 5 = 32*，再将结果求和，得 *3 + 2 = 5*。我将这种求和的方法称为求一个数字的众数和。

所有数字都有以下规律：

①众数和为9的数字与任意数相乘，其结果的众数和都为9。例如306的众数和为9，而 *36222 = 6732*，数字6732的众数和也为9（*6 + 7 + 3 + 2 = 18，1 + 8 = 9*）。

②众数和为1的数字与任意数相乘，其结果的众数与被乘数的众数和相等。例如13的众数和为4，325的众数和为1，而 *32513 = 4225*，数字4225的众数和也为4（*4 + 2 + 2 + 5 = 13，1 + 3 = 4*）。

③总结得出一个普遍的规律，如果A·B＝C，则众数和为A的数字与众数和为B的数字相乘，其结果的众数和亦与C的众数和相等。例如 *34 = 12*。取一个众数和为3的数字，如201，再取一个众数和为4的数字，如112，两数相乘，结果为 *201112 = 22512*，22512的众数和为3（*2 + 2 + 5 + 1 + 2 = 12，1 + 2 = 3*），可见 *34 = 12*，数字12的众数和亦为3。

④另外，数字相加亦遵守此规律。例如 3 + 4 = 7。求数字 201 和 112 的和，结果为 313，求 313 的众数和，得数字 7 (3 + 1 + 3 = 7)，刚好 3 与 4 相加的结果亦为 7。

令人奇怪的是，中国古人早就知道此数学规律。我们看看"河图"与"洛书"数字图就知道了。以下是"洛书"数字图。

4 9 2

3 5 7

8 1 6（洛书）

世人都知道，"洛书"数字图之所以出名，是因为它是世界上最早的幻方图，它的特点是任意一组数字进行相加，其结果都为 15。其实用数字众数和的规律去分析此图，就会发现，任意一组数字的随机组合互相相乘，其结果的众数和都为 9。例如第一排数字的一个随机组合数字为 924，第二行的一个随机组合数字为 159，两者相乘，其结果为 146916，求其众数和，得 1 + 4 + 6 + 9 + 1 + 6 = 27，2 + 7 = 9，可见，结果的众数和都为 9。

这种巧合不能说明什么问题，让我们再看看"河图"数字图。

7

2

8 3 5 4 9

1

6（河图）

"河图"的数字图没有"洛书"数字图出名，这是因为人们未能动发现其数学规律，但是用众数和的规律去分析它，就能发现它的奇妙之处。

"河图"数字图中，任意一组数字互相进行相乘，其结果的众数和都为 6。例如 2716538495 = 1045716675，求结果的众数和，1 +

$4 + 5 + 7 + 1 + 6 + 6 + 7 + 5 = 42$，$4 + 2 = 6$，可见，结果的众数和为 6。

由此可见，"河图"的数字图亦不可能是随意摆设，否则，其结果的众数和不可能都为 6。从上述两个数字图可知，古人十分重视数字 6 与数字 9。例如：太极图的就由数字 6 与数字 9 组合而成。

太极图的左边部分为数字 6，太极图的右边部分为数字 9。

"太极图""河图""洛书"通过种种手段暗示数字 6 与数字 9 的重要性，其中"河图"与"洛书"更是在熟悉数字众数和规律的前提下编制而成。

96. 房子有 7 间，猫有 $7^2 = 49$ 只，鼠有 $7^3 = 343$ 只，麦穗有 $7^4 = 2401$ 个，麦粒有 $7^5 = 16807$ 合，全部加起来是 $7 + 7^2 + 7^3 + 7^4 + 7^5 = 19607$。总数是 19607。

97. 先把银元分成三组，每组 3 枚。第一次先将两组分别放在天平的两个盘里。如果天平不平，那么假银元就在轻的那组里，如天平左右相平衡，则假银元就在未称的第三组里。

第二次再称有假银元那一组，称时可任意取 2 枚分别放在两个盘里，如果天平不平，则假银元就是轻的那一个。如果天平两端平衡，则未称的那一个就是。

98. 大青蛙提了 51 只虫子，小青蛙提了 21 只虫子。大青蛙比小青蛙多捉虫子 $15 + 15 = 30$（只），如果小青蛙把捉的虫子给大青蛙 3 只，那么大青蛙比小青蛙多虫子 $30 + 32 = 36$（只），这时大青蛙捉的虫子是小青蛙的 3 倍，所以 1 倍就是 $(30 + 32) \div (3 - 1) = 18$（只），小青蛙捉虫子 $18 + 3 = 21$（只），大青蛙捉虫子 $21 + 152 = 51$（只）。

99. 每个小猴子抬西瓜平均走了 200 米。2 个小猴子抬着走 300 米，共要走 $300 \cdot 2 = 600$（米）。3 个小猴子轮流抬，平均每个小猴子抬西瓜走了 30020 ÷ 3 = 200（米）。

100. 白兔是 4 只，黑兔是 6 只。如果少 2 只黑兔，白兔与黑兔只数相等，可见黑兔比白兔多 2 只。少 1 只白兔，黑兔将比白色多 2 + 1 = 3（只），这时黑兔是白兔的 2 倍。所以白兔是 3 ÷（2 − 1）+ 1 = 4（只），黑兔是 4 + 2 = 6（只）。

101. 他三年后的年龄比三年前大 3 + 3 = 6（岁），他三年后的年龄的 2 倍减去他三年前年龄的 2 倍，差是 62 = 12（岁），这就等于"小机灵"现在的年龄。所以"小机灵"的年龄是：(3 + 3) 2 = 12（岁）。

102. 杯盖的价钱是：(2.00 − 1.00) ÷ 2 = 0.50（元）

杯子的价钱是：0.50 + 1.00 = 1.50（元）

103. 小猴子一共有 12 个桃子。吃掉的比剩下的多 4 个，又吃掉了 1 个，可见小猴子吃掉的比剩下的多 4 + 1 + 1 = 6（个）。这时吃掉的是剩下的 3 倍，可见吃掉的比剩下的多 2 倍。所以小猴子剩下的桃子有 6 ÷（3 − 1）= 3（个），吃掉的桃子是 33 = 9（个），小猴子一共有桃子 3 + 9 = 12（个）。

104. ①带鸡过去　空手回来

②带猫过去　带鸡回来

③带米过去　空手回来

④带鸡过去

105. 甲长为 24 宽为 16，乙长为 15，宽为 25。

甲面积为 384，乙面积为 375。答案不唯一。

设周长是 C：甲的长是 3/10C。宽是 2/10C。乙的长是 5/16C，宽是 3/16C。周长 C = 80。

106. 铜锌是 1 : 1。

107. 他带了 5 角 2 分钱，每个糖人 2 角钱。

他带的钱买2个糖人还剩1角2分钱，多买一个糖人还少8分钱，所以每个糖人的价钱是1角2分加上8分等于2角。

阿勇带的钱是2角＋2角＋1角2分＝5角2分。

108.①小冬和小军的体重是：32×2＝64千克

小华和小军的体重是：28×2＝56千克

小冬和小华的体重是：30×2＝60千克

小冬，小军，小华的体重是：(64＋56＋60)÷2＝90千克

这三个同学的平均体重是：90÷3＝30千克

②小冬重：90－56＝34千克

小军重：90－60＝30千克

小华重：90－64＝26千克

109.第一题：(1)(3)＋(2)－(7)＝(8)

(6)(9)＝(5)(4)

第二题：(1)(7)(3)(8)(4)＝(6)(9)(5)(2)

或者：(1)(9)(6)(3)(4)＝(7)(8)(5)(2)

110.① 20.3

② 33333377778 + 33333222223

＝ 333333(77778＋22222)

＝ 99999100000

＝ 9999900000

111.以湖的中心为圆心，R/4为半径做一个圆。如果老鼠沿着这个圆游泳，那么水中的老鼠和岸上的猫就具有相同的角速度。如果老鼠游泳的半径略小于R/4，设为 R'，就会拥有比猫更大的角速度，若老鼠游的时间足够长，完全可以领先猫180°，即老鼠在原点左侧略小于 R' 处，而猫在原点右侧 R 处。那么现在老鼠要游 R－R'，而猫要跑3.14R。只要：

4（R－R'）＜3.14R……（1）即老鼠在上岸时猫还没有跑到上岸地点，且R'＜R/4，老鼠就可以逃出猫的追击，事实上这完全是可以的。

解（1）式得：

R'＞0.215R

与R'＜0.25R有交集，所以老鼠可以逃走。

112. 以队列为参照系，则队员从队尾走到队首速度为4－1.5＝3.5m/s，从队首走到队尾用4＋1.5＝5.5m/s

队员从离开队尾到回到队尾所用时间为t＝110/3.5＋110/5.5

再以地面为参照系，队伍前进距离＝1.5t＝77.14m

改为求队伍长度：

已知队伍在此时间内前进s，又知队伍相对地面的速度，可求得队伍前进的时间。再以队伍为参照系，队员前进和返回的速度已知，根据这两个速度比可知时间比（因为前进和返回的位移相同），因此可以求得前进和返回的时间，进而可以计算出队列长度。

113. 若假设约翰、彼得和罗伯上午卖出x，y，z只火鸡，那么下午各卖出10－x，16－y，26－z只火鸡。又若设上午售价为每只a英镑，下午售价为每只b英镑。由题意可得如下方程组：

ax＋b（10－x）＝56 　　　　　　　　　①

ay＋b（16－y）＝56 　　　　　　　　　②

az＋b（26－z）＝56 　　　　　　　　　③

这是一个含有5个未知数却只有3个方程的不定方程组。

①－③得（x－z）（a－b）＝16b，　　　　④

②－③得（y－z）（a－b）＝10b，　　　　⑤

④÷⑤得（x－z）/（y－z）＝8÷5，即5x＋3z＝8y。⑥

由题目条件知，0＜x＜10，0＜y＜16，0＜z＜26，经过代

入⑥检验可找出，只有 x = 9，y = 6，z = 1 是唯一的一组解，再把 x，y，z 的值代入①、②可算出 a = 6，b = 2。因此上午售价为每只 6 英镑，下午每只 2 英镑。约翰、彼得和罗伯上午各卖出 9，6，1 只火鸡，下午各卖出 1，10，25 只火鸡。

114.解：先从第三个人入手，买了两人买剩下的一半，还剩一半，而这剩下的一半的对应量是半只。所以，第二个人买了鸭子后还剩 0.5÷（1 − 1/2）= 1 只。然后再找第二个人买的一半后剩下的量的对应分率，是 1 + 1/2 = 1.5（只），所以第一个人买后还剩下 1.5÷（1 − 1/22）= 3 只，最后找第一个人买了一半后的对应量，是 3 + 1/2 = 3.5 只，所以老大娘共有 3.5÷（1 − 1/2）= 7 只，第一个人买了 7/2 + 0.5 = 4 只，第二个人买了（7 − 4）÷2 + 0.5 = 2 只，第三个人买了 7 − 4 − 2 = 1 只。

老大娘共卖了 7 只活鸭，第一个人买了 4 只，第二个人买了 2 只，第三个人买了 1 只。

115.8 个哨所分别在顶点和各边中点，初始：411 − 24 = 20，所以在每个顶点是 20÷4 = 5 人，中点是 1 人第一次：411 − 28 = 16，所以在每个顶点是 16÷4 = 4，中点是 3 人第二次：411 − 32 = 12，所以在每个顶点是 12÷4 = 3，中点是 5 人第三次：411 − 36 = 8，所以在每个顶点是 8÷4 = 2，中点是 7 人第四次：411 − 40 = 4，所以在每个顶点是 4÷4 = 1，中点是 9 人。

116.第 29 天，每天开的是前一天的 2 倍。

117.白色，P 点是北极点。

118.设四层有灯 x 个。

x（1 + 2 + 4 + 8 + 1/2 + 1/4 + 1/8）= 508

x（127/8）= 508

x = 32

119. 把杯口朝上的杯子用＋1表示，把杯口朝下的杯子用－1表示。

初始状态是3"＋"，11"－"，所以把14个数相乘则积为－1，而翻动1只杯子时，就是"把＋1变为－1或者是把－1变为＋1"，当翻动1只杯子时，就相当于原状态乘以－1。

翻动n次杯子时，就相当于乘以n个"－1"

所以每次翻动偶数只杯子时，不改变初始状态是"－1"的这个结果。

所以每次翻动4只杯子和每次翻动6只杯子，不能改变乘积为是"－1"的这个结果。

所以都不能做到。

而每次翻动奇数只杯子时，能改变初始状态是"－1"的这个结果。

所以每次翻动7只杯子且翻动奇数次能做到。

具体操作如下：原状态3只杯口朝上，11只杯口朝下。

①翻动2只杯口朝上，翻动5只杯口朝下，

翻动后，6只杯口朝上，翻动8只杯口朝下。

②翻动3只杯口朝上，翻动4只杯口朝下，

翻动后，7只杯口朝上，翻动7只杯口朝下。

③翻动7只杯口朝上。

翻动后，这时14只杯子都是杯口朝下，完成任务。

120. 假如只有1条病狗，那么该病狗的主人在第一天看到其余49条狗都没病时，就知道自己的狗有病了，故第一天就会有枪声。假如有2条病狗，其主人分别为甲和乙，第一天没有枪声响起，在第二天甲会做如下思考：如果我的狗没病，那么乙在昨天看到的49条狗全都是正常狗，他就会知道自己的狗有病从而开枪了。他为什么没开枪？这说明他知道我的狗有病。于是甲会在第二天开枪。同理，乙也会在第二天开枪。实际情形是，第三天才出现枪声，那么一定有 3 条病狗。

121.仔细分析一下各句。根据前三句，我们首先能得出 C 不是德国人、美国人、俄罗斯人，根据⑤、⑥得知 C 不是意大利人、法国人，所以 C 是英国人。同样根据前三句知道 A 不是美国人、俄罗斯人、德国人，根据⑤得知 A 不是法国人，又不是英国人（C 才是）所以 A 是意大利人。又根据前三句知 A、C、E 都不是德国人，根据④知 B、F 也不是德国人，所以 D 是德国人。然后 E 不是美国人、俄罗斯人、德国人，加上得出的结论 E 不是英国人、意大利人，所以 E 是法国人。只剩下 B 和 F 了，国家只剩下美国人和俄罗斯人，根据⑥知 B 不是美国人，所以 B 是俄罗斯人，F 是美国人。

122.3 升装满，倒入 5 升桶（5 升桶还有 2 升空间）；3 升再次装满，倒入 5 升桶至满，则 3 升桶还剩 1 升；把 5 升桶的水全倒掉，把 3 升桶的 1 升倒入 5 升桶；3 升桶装满倒入 5 升桶即得 4 升。

123.①母亲的份额是儿子的 1/2，是女儿的 2 倍，儿子 4/7，母亲 2/7，女儿 1/7。

②先将财产一分为二，然后再分配，儿子 1/3，母亲 1/2，女儿 1/6。

124.1/3 − 1/5 = 2/15；32/15 = 6/15；1 − 1/3 − 1/5 − 6/15 = 1/15；1/（1/15）= 15。

125.每辆自行车运动的速度是每小时 10 英里，两者将在 1 小时后相遇于 20 英里距离的中点。苍蝇飞行的速度是每小时 15 英里，因此在 1 小时中，它总共飞行了 15 英里。

126.日租金 360 元。虽然比客满价高出 200 元，因此失去 30 位客人，但余下的 50 位客人还是能给我们带来 360·50 = 18000 元的收入。扣除 50 间房的支出 40·50 = 2000 元，每日净赚 16000 元。而客满时净利润只有 16080 − 4080 = 9600 元。

127. 设维纳的年龄是 x，首先岁数的立方是四位数，这确定了一个范围。

10 的立方是 1000，20 的立方是 8000，21 的立方是 9261，是四位数；22 的立方是 10648；所以 10 = < x < = 21x 四次方是个六位数，10 的四次方是 10000，离六位数差远啦。

15 的四次方是 50625 还不是六位数，17 的四次方是 83521 也不是六位数。18 的四次方是 104976 是六位数。20 的四次方是 160000；21 的四次方是 194481。

综合上述，得 18 = < x < = 21，那只可能是 18，19，20，21 四个数中的一个数。因为这两个数刚好把十个数字 0、1、2、3、4、5、6、7、8、9 全都用上了，四位数和六位数正好用了十个数字，所以四位数和六位数中没有重复数字。

现在来一一验证，20 的立方是 80000，有重复；21 的四次方是 194481，也有重复；19 的四次方是 130321；也有重复；18 的立方是 5832，18 的四次方是 104976，都没有重复。所以，维纳的年龄应是 18。

128. 25 根。先背 50 根到 25 米处，这时，吃了 25 根，还有 25 根，放下。回头再背剩下的 50 根，走到 25 米处时，又吃了 25 根，还有 25 根。再拿起地上的 25 根，一共 50 根，继续往家走，一共 25 米，要吃 25 根，还剩 25 根到家。

129. 桌子上还剩 3 支蜡烛。因为被吹灭的 3 枝蜡烛没有燃烧完，其他的 9 枝全部燃烧完了，所以还剩 3 支。

130. 9，19，29，39，49，59，69，79，89，90，91，92，93，94，95，96，97，98，99。共 20 次（99 里面有 2 个 9）可以这样算：9 在个位上出现了 10 次，在十位上出现了 10 次，所以共 20 次。

数字 *1* 的有：*1、10、11*（出现了 *2* 次）*、12、13、14、15、16、17、18、19、21、31、41、51、61、71、81、91、100*。共 *21* 次。

数字 *0* 的有：*0、10、20、30、40、50、60、70、80、90、100*（出现 *2* 次）。共 *12* 次。

131.12 个球分成 *3* 组，每组 *4* 个

第一步，拿两组出来称。*4：4* 如果平衡的话，不标准的就在另外的那组 *4* 个。

第二步，从那组中，拿出 *2* 个球，和两个标准的球上天平称，如果平衡，就在剩下的两个球中。

第三步，从两个球中拿出一个和标准的称。平衡的话，不标准的就是剩下的那个，不平衡的话，就是秤上的这个。

回到第二步，如果不平衡，不标准的球就是在上秤的这两个里面，重复第三步，从两个球里找不标准的。

现在讨论 *4：4* 不平衡的情况，剩下的一组那 *4* 个都是标准的，一会要用这些标准的球参考。

第一步，*4：4* 不平衡。

第二步，从较重的那组拿出 *3* 个球，放到一边。再把较轻的一组拿出 *3* 个放到较重的那组。现在较轻的那组剩一个可能较轻（不标准）或者标准（因为不知道不标准的是较轻还是较重）的球。拿三个标准的球放到较轻这端。会出现 *3* 种情况，①天平保持原样，②平衡，③天平高低反过来。

第三步，从第二步的结果入手。

第二步结果如果天平保持原样，那说明从较轻拿到较重的那 *3* 个球和新拿进去的标准的那 *3* 个球重量一样，所以不标准的球是较重组被拿出 *3* 个球后剩下那个和较轻组被拿出 *3* 个球后剩下那个，两个球里找一个，用一个标准球一称就知道了。

第二步结果如果天平平衡，说明这8个球都是标准的，那不标准的就是拿出去一边的那3个球。因为那3个球是在较重的一边拿出去的，可以推出质量不一样的球是较重的，3个球里面找一个较重的球，一步就出来了。

如果天平高低反过来，原来较轻的一段剩下的那个是可能较轻的标准球，现在较轻的一端变成较重，说明剩下的那个是标准的球。同理，较重一端剩下的那个也是标准的球。因为这个球原来较重，现在较轻了，如果不标准，那么就是重于标准的球，天平不会发生变化。反过来，说明不标准的那个球在较轻一端拿到较重一端的那3个球里面，因为这3个球在本来较轻的那一端，说明不标准的球比标准球轻，3个球里找一个较轻的球，一步就好了。

132. 第一步，先将10斤酒倒满7斤的桶，再将7斤桶里的酒倒满3斤桶；第二步，再将3斤的桶里的酒全部倒入10斤桶，此时10斤桶里共有6斤酒，而7斤桶里还剩4斤；第三步，将7斤桶里的酒倒满3斤桶，再将3斤桶里的酒全部倒入10斤桶里，此时10斤桶里有9斤酒，7斤桶里只剩1斤；第四步，将7斤桶里剩的酒倒入3斤桶，再将10斤桶里的酒倒满7斤桶；此时3斤桶里有1斤酒，10斤桶里还剩2斤，7斤桶是满的；第五步，将7斤桶里的酒倒满3斤桶，即倒入2斤，此时7斤桶里就剩下了5斤，再将3斤桶里的酒全部倒入10斤桶，这样就将酒平均分开了。

133. 第一步：小强考的分数、名次数和他年龄的乘积是3256，就说明分数、名次数和年龄是1958的质因数；

第二步：将1958因式分解，得质因数1、2、11、89；

第三步：因为这是小学生知识竞赛，所以小强的年龄不可能是1、2，更不可能是89，只能是11，所以小强的年龄是11岁；

第四步：小强的分数是89，相应的竞赛名次是2。

134. 第一步：在这里奶奶走的最慢，其次是妹妹，然后是洛洛、妈妈、爸爸。所以应该让走的最慢和次慢的同时过桥，也就是先让奶奶和妹妹过桥，所用时间以奶奶为准，即23秒；

第二步：这一次同样让走路最慢和次慢的同时过，即洛洛和妈妈过桥，所用时间以洛洛为准，为15秒；

第三步：这一次爸爸一个人过，所用时间是8秒。此时他们一家过桥一共用了46秒；

第四步：过完桥他们还要走两分钟的路，走完路需要时间是两分钟46秒，此时离三分钟还有14秒，所以他们赶的上公交车。过桥的顺序是奶奶和妹妹，洛洛和妈妈，爸爸。过桥用了46秒。

135. 这50箱苹果可以平均分为5份，也就是分5次卖完。由于马车一次运10箱苹果，一箱有30个苹果，也就是商人进一次城时运300个苹果。走一公里，商人的儿子都要吃一个，当到达城里时，他的儿子已经吃了49个苹果。第二次同样，他的儿子都要吃掉49个苹果，第三次、第四次、第五次也一样，所以最后他儿子一共吃了$49 \times 5 = 245$个苹果，所卖苹果总数是$50 \times 30 - 245 = 1255$个苹果。

136. 此题易混淆人的做题思路。多数人认为青蛙一次跳3m，两次就可以跳6米，超过了井的深度，两次就可以跳出井。这是错误的。因为题中说"井壁非常光滑"，说明青蛙在跳到3米高度时，会因为触到井壁而重新落回井底，所以无论这只青蛙跳多少次，它都跳不到井外去，除非它一次跳的高度超过井的深度。

137. 设有 N 个桃子，一组 X 个孩子，二组 Y 个孩子，三组 Z 个孩子，则有 N/X = 7，N/Y = 8，N/Z = 9。由上式知道桃子数量是7、8、9的公倍数；然后算出最小公倍数504，分别除以7、8、9，得出小组的数量比为72∶63∶56；最后用504除以7、8、9的和，得出每个孩子分到的桃是21个。

*138.*首先可以设大牛车用 x 辆，中型牛车 y 辆，小型牛车 z 辆，依题意知 x + y + z = 100, 3 × x + 2 × y + z/2 = 100，然后分情况讨论即可得出答案。

*139.*第一步：先假设天天有弹珠 x 个，甜甜有弹珠 y 个；

第二步：由天天的话可以得到 x + 2 = 3y；

第三步：由甜甜的话可以得到 x − 2 = y；

第四步：解两个式子得 x = 4，y = 2 即为答案。

*140.*因为 40 小时已经超过了一天一夜的时间，但没有超过 48 小时，所以用 48 去掉一天的时间 24 小时，剩余 16 小时，在下午六点的基础上再加上 16 个小时，6 点到夜里 12 点只需 6 个小时，所以剩余的 10 个小时是第二天的时间，即是第二天的上午 10 点。此时明显天是亮的，所以那时天不会黑。

*141.*小军拉第一次灯时灯已经亮了，再拉第二下灯就灭了，如果照此拉下去，灯在奇数次时是亮的，偶数次是关的，所以 7 次后灯是亮的，20 次是关的，25 次灯是亮的。

*142.*得到书架的三个人每个人拿出 1000 元，一共是 3000 元。将 3000 元给两个人平分，也就是两个人每人拿到 3000/2 = 1500 元，所以说，书架的价值应该是 1500 + 1000 = 2500 元。

*143.*先用 40 元钱买 20 瓶饮料，得 20 个饮料瓶，4 个饮料瓶换一瓶饮料，就得 5 瓶，再得 5 个饮料瓶，再换得 1 瓶饮料，这样总共得 20 + 5 + 1 = 26 瓶。

*144.*最多能将西瓜切 1024 次块，就是 2 的 10 次方。最少切 11 块。

*145.*C 最小。由题意可得①A、B > C、D；②A、D > B、C；③B、D > A、C。由①+②得知 A > C，由①+③可得知 B > C，由①+③得知 D > C，所以，C 最小。

146.根据题干所提的我们先假设，两位数是AB，三位数是CDE，则 AB×5 = CDE。

第一步：已知CDE能被5整除，可得出个位为0或5。

第二步：若后一位数E = 0，因为E + C = D，所以C = D。

第三步：又根据题意可得CDE/5的商为两位数，所以百位小于5。

第四步：因为上一步得出了C = D，所以当C = 1，2，3，4时，D = 1，2，3，4，CDE = 110，220，330，440。

第五步：若E = 5，当C = 1，2，3，4时，D = 6，7，8，9，CDE = 165，275，385，495。

所以，这道题应该有8个这样的数。

147.因为每个人都看不到自己头上戴的头巾，所以戴蓝色头巾的人看来是一样多，说明蓝色头巾比黄色头巾多一个。设黄色头巾有X个，那么，蓝色头巾就有X + 1个。而在每一个戴黄色头巾的人看来，蓝色头巾比黄色头巾多一倍。也就是说2（X − 1）= X + 1，解得X = 3。所以，蓝色头巾有4个，黄色头巾有3个。

148.四份分别是12，6，27，3。设这四份果冻都为X，则第一份为X + 3，第二份为X − 3，第三份为3X，第四份为X/3，总和为48，求得X = 9。这样就知道每一份各是多少了。

149.这本书的价格是4.9元。小红口袋里就没有钱，小丽口袋里有4.8元。

150.老板降价是有规律的，他每次都是以原价格的2.5倍往下降，20/8 = 2.5，8/3.2 = 2.5，3.2/1.28 = 2.5，1.28/2.5 = 0.512。因此，这条丝巾的成本价是0.512元。

151.已知 A = 3B = 4C = 5D = 6E，ABCDE都是整数，所以A要能被3、4、5、6整除，于是A最小为3×4×5 = 60，A = 60，B = 20，C = 15，D = 12，E = 10，A + B + C + D + E = 117

152. 360，280，160。

153. 因为三人相遇的小镇恰是两城市的中点，所以可以将旅游的这个人的旅程分为四段，朋友甲只走了两段，朋友乙走了三段，此人则走了全程。往返两城需要40元，三人走的总路程是9段，总费用均分到每段路程上，得出一段费用是40/9元，进而得出甲的费用是8.9元，乙的费用是13.3元，此人的费用就是17.8元。

154. 很多人看到此题都会立刻下笔运算，但仔细审题你会发现地主是让他俩各包一半，当然工作量就是一人一半，工钱是与工作量有关的，这与他们的工作速度并无关系，工钱自然平分，所以一人10两银子。

155. 很多人看到此题都会认为皮套10美元，相机400美元，这样看来相机确实比皮套贵400美元，但仔细看题会发现并非如此。假设皮套x元，则相机应该是400＋x元，可得x＋400＋x＝410，计算可得皮套为5美元，而非10美元，如果误算的话就会多出5美元。100美元就应找95美元。

156. 这道题看似数学计算题，其实是逻辑思维题。答案是没有一只羊。

157. 小明第一次问的时候没有人知道，说明任何两个数都是不同的。问第二次的时候，前两个人还不知道，说明没有一个数是其他数的两倍。于是得到：1.每个数大于0；2.两两不等；3.这三个数中，每个数字可能是另外两个数字之和或之差，假设是两个数之差，即a－b＝144。这时1（a，b＞0）和2（a！＝b）都满足，所以要否定a＋b必然使3不满足，即a＋b＝2b，解得a＝b，不成立，所以不是两数之差。因此是两数之和，即a＋b＝144。第1、2都满足了，必然要使3不满足，即a－b＝2b，两方程联立，可得a＝108，b＝36。

169

158.因为蜗牛的爬行速度都是一样的，所以如果两只蜗牛相遇然后掉头走的话，相当于两只蜗牛互不理睬继续向前爬。所以最坏的情况就是相当于一只蜗牛从木棒的一头走到另一头，时间就是100秒。

159.结果商人吃亏。因为按照第二颗是第一颗的2倍的规律买时，所得的数字是成等比数列的，最终牧民所得的钱数是 $2+4+8+\cdots\cdots+2^n-1$，$n=12$，计算得4096，这个数字远远大于商人原来付的1000元，所以商人上当了。

160.由题意可知，这辆公交车从起始站到终点站一共有10个站，在这里用1站~10站表示。那么起始站（1站）应该至少上来9个人，才能保证以后的每一站都有人下车；2站应该下1人，上8人；后面的依次类推。

1站：9人

2站：$(9-1)+8=16$人

3站：$(9-2)+(8-1)+7=21$人

……

9站：$(9-8)+(8-7)+(7-6)+(6-5)+(5-4)+(4-3)+(3-2)+(2-1)+1=9$

10：全下车了。

即：

1站：$1\times9=9$人

2站：$2\times8=16$人

3站：$3\times7=21$人

4站：$4\times6=24$人

5站：$5\times5=25$人

6站：$6\times4=24$人

7 站：7 × 3 = 21 人

8 站：8 × 2 = 16 人

9 站：9 × 1 = 9 人

10 站：0 人

那么这辆公交车最少要有 25 个座位。

161. 如果 1 个西瓜 10/3 元和 10/2 元，那么放柱一起后，1 个西瓜就是 25/6 元，但由于是以 5 个西瓜 20 元的价格出售的，1 个西瓜 4 元。所以，每个西瓜损失了 25/6 − 4 = 1/6 元。现在损失了 20 元，所以，一共有 20/ (1/6) = 120 个西瓜，每个有 120 个。

162. 这 9 个人遇到第二队人的时候已经吃掉了 1 天的粮食，所剩下的只够这 9 个人自己再吃 4 天，但第二队加入后只能吃 3 天，也就是说第二队在 3 天内吃的食物等于 9 个人一天的粮食。因此，第二队有 3 个人。

163. 男生和女生的速度之比为 10：9。当男生跑 110m，女生跑 90 米时，两人所用的时间比为 (110/100)：(100/90)，也就是 99：100。所以，两个人不会同时到达终点线，男生用的时间少一些，比女生先到。

164. 每次换一下座位，第一个人有 5 种坐法，第二个人有 4 种坐法，第三个人有 3 种坐法，第四个人有 2 种坐法，第五个人有 1 种坐法。5 × 4 × 3 × 2 × 1 = 120。这家人每一周去这个饭店吃一次饭，那他们要去 120 次，得出 120 周，那么这家人 840 天才能吃到老板免费送的 10 餐。

165. 他们的敲钟速度是不同的，应该按敲钟的间隔来算时间，每一个和尚用 10 秒钟敲了 9 个间隔，第二个和尚用 20 秒敲了 19 个间隔，第三个和尚用 5 秒敲了 4 个间隔。所以他们敲钟每个间隔所用的时间分别为：10/9，20/19，5/4 即 1.11，1.053，1.25。所以第二个和尚敲钟的速度是最快的，他最先敲完50下。

166.小王提前10分钟到家，也就是说他从遇到小张到火车站这段路程来回需要10分钟。所以从相遇时到到达火车站，步行需要5分钟。也就是说，按照以前的时间，再过5分钟火车应该到站，但是此时火车已经到站15分钟了，也就是小张走的这段时间。所以，这一天的火车比以前提前了20分钟到站。

167.根据题意可知，这5种数法都缺一个核桃，那么如果加1个核桃的话，就可以整除这5个数了。也就是说，加1个核桃，这个数就是2、3、4、5的最小公倍数，也就是120。所以，这堆核桃至少有119个。

168.这个小伙子一周可以赚钱 $10 \times 5 + 5 = 55$ （元）。$190/55 = 3……25$，商为3，说明这个小伙子在打工期间有连续的3个7天，余数为25，说明还有一个星期六在工作，另外还有两天在工作，这3天中不能再有星期天。因为3个7天加一个星期六再加2天已经为24天，所以打工最后一天一定为星期六，而打工第一天为星期四，根据已知，一月1号为星期天，小伙子是从一月下旬某天开始，看日历可知一月26日开始打工，2月18日结束。

169.第一个火枪手。因为每个人肯定都先射枪法最好的枪手，第一轮第一个火枪手可以选择不开枪，其他两个火枪手都会选择打枪法最准的，第一个火枪手和第二个火枪手都会打枪法最准的。分析：先解决一个不太直观的概率，当第一个火枪手与第二个火枪手两个对决（第一个火枪手先手），第一个火枪手的生存率为：x = 40% + 60% × （50% ×0% + 50% ×S），解得：x = 57.14%

第一个火枪手的生存率 = 50% ×x + 50% ×40% = 48.57%

第一个火枪手的生存率 = 50% ×0% + 50% × （1 － x） = 21.43%

第三个火枪手的生存率 $= 50\% \times 0\% + 50\% \times 60\% = 30\%$（实际就是 $1 - 48.57\% - 21.43\%$）

分析一下，如果第一个火枪手第一轮不放弃而打第三个火枪手的话，第一个火枪手的生存率 $= 40\% \times (50\% \times 0 + 50\% \times x) + 60\% \times (50\% \times x + 50\% \times 40\%) = 40.56\%$

显然没有 48.57% 高，所以，第一个火枪手第一轮会放弃。

170. 此题不在于计算，而在于找技巧。电影院能否找钱，关键在于买票的人如何排队。$2a$ 个人有 $(2a)! / [a! \ a!]$ 种排法，电影院不可以找钱的排法有 $(2a)! / [(a - 1)! \ (a + 1)!]$ 两者之差就是电影院能够找开钱的排队方法，答案为 $(2a)! / [a! \ (a + 1)!]$

171. $ab + cd = ac + bd = ad + bc$（$ab$ 指 a 与 b 的体重和）明显 $99 + 144 = 113 + 130 = 125 + x$，可以看出，少掉的那个数是 118。不失一般性，$ab + ac - (cd + bd) = 2a - 2d = 62$，$a - d = 31$ 或 $b - c = 31$，即某两头猪的体重之差为 31，并且这两头猪要么和为 118，要么两头猪都不是和为 118 的那两头猪。而两个数的和与差的奇偶性是相同的，所以可以看出，必定是 b 与 c 之外的两头猪的体重之差为 31。

得出：$a = 78$，$d = 47$（也有可能 $a = 47$，$d = 78$，这无关紧要）而 $ab = 99$ 或 144，可以看出两值：78，66，52，47 或：78，21，97，47 明显第二组是错的。所以，第一组是正确的，答案就是 66。

172. 13 厘米。很多人认为是 23 厘米，其实是错误的，因为方静是从左到右摆放的，而书又是从左向右翻的，所以是 13 厘米。

173. 当冰融化成水的时候，体积就会减少 $1/12$；因为当体积为 11 的水结成冰时，体积会增加为 12 的冰，而体积为 12 的冰融化后会成为 11 的水，也就会减少 $1/12$。

174. 设是 x 分，则得 $(7 + x/60) / 12 = x/60$，$x = 7 \times 60 / 11 =$

$420/11 = 38.2$，第一次是 7 点 38 分，

第二次是 $(8 + x/60) /12 = x/60$，$x = 8×60/11 = 480/11 = 43.6$，所以第二次是 8 点 44 分，在计算过程中采用了四舍五入的方法。

175.假设卖葱的一共有 20 斤大葱，包括葱白和葱叶，所有的大葱是一模一样的。再假设一颗大葱重一斤，葱白 8 两，葱叶 2 两，如果大葱 1 元一斤的话，所有的大葱可以卖 20 元，如果分开的话，葱白可以卖 $0.8×0.8 = 0.64$ 元，葱叶 $0.2×0.2 = 0.04$ 元，这是一颗大葱分开卖的结果，20 斤大葱分开卖的话所得的钱数是 $0.64×20 + 0.02×20 = 12.8 + 0.4 = 13.2$ 元，此数小于 20。由此推理可知，分开卖的话卖葱人是肯定赔的。

176.首先将 36 因式分解，可以得到 1，2，3，4，6，9，12，18 这几个数，经过加和得到：

$1 + 1 + 36 = 38$；$1 + 2 + 18 = 21$；$1 + 3 + 12 = 16$；$1 + 4 + 9 = 141 + 6 + 6 = 13$；$2 + 2 + 9 = 13$；$2 + 3 + 6 = 11$；$3 + 3 + 4 = 10$ 这几个式子。因为他们相遇的日期是 13 号，所以符合条件的有两个式子：$1 + 6 + 6 = 13$、$2 + 2 + 9 = 13$，答案仍然未知。但由于乙后来说他的小女儿是红头发，答案是 $1 + 6 + 6 = 13$，因为一岁的孩子头发是红色的。乙的三个女儿的年龄分别是 1，6，6。

177.第一步：$160 - 120 = 40$，红伞的 1/3，黄伞的 1/4，盘伞的 1/5 共 40 把，$160 - 116 = 44$，红伞的 1/5，黄伞的 1/4，蓝伞的 1/3 共 44 把，$44 - 40 = 4$，纸以蓝伞的 1/3 - 1/5 与红伞的 1/3 - 1/5 的差是 4 把，$4 ÷ (1/3 - 1/5) = 30$，则蓝伞与红伞的差是 30 把；

第二步：红伞的 2/3，黄伞的 3/4，蓝伞的 4/5 共 120 把，红伞的 4/5，黄伞的 3/4。蓝伞的 2/3 共 116 把，红伞的 2/3 + 4/5，黄伞的 3/4 + 3/4。蓝伞的 2/3 + 4/5 共 120 + 116 把，即红伞的 22/15，黄

伞的 3/2，蓝伞的 22/15 共 236 把，红伞＋黄伞＋蓝伞＝160，红伞 3/2＋黄伞 3/2＋白伞 3/2＝160×3/2＝240，(240－236)÷(3/2－22/15)＝120，蓝伞与红伞的和是 120 把；

第三步：蓝伞 (120＋30)÷2＝75，红伞 (120－30)÷2＝45，黄伞 160－120＝40。

178. 42 分钟。也许有人会想是 3×15＝45，可是因为火印盖到第十四匹马，剩下的一匹，他们就不盖了，因为不盖也能与其他的区别。所以应把最后一匹马的叫喊时间 3 分钟去掉。

179. 仆人可以做一个箱子，保证箱子内部的尺寸与最初的方木相同，然后将雕刻好的木柱放入箱子内，再向箱子里加入沙土，直至把箱子完全填实，并且使箱内沙土与箱口齐平。之后木匠可以轻轻将木柱取出，保证不带出沙粒，再把箱内的沙土捣平，量出剩余的深度为 1 尺，即木柱所占的空间为 2 立方尺，证明仆人砍的没错。

180. 女儿 10000，母亲 20000，儿子 40000。设母亲得到 X 元，则儿子得到 2X，女儿得到 X/2。2X＋X＋X/2＝70000。最后求得女儿 10000，母亲 20000，儿子 40000。

181. 蜗牛爬行时要保证不会相撞，要么都顺时针爬行，要么都逆时针爬行。蜗牛爬行方向的选择是随机的，如果第一只蜗牛选择了自己的爬行方向，那么第二只蜗牛有一半的概率选择与第一只蜗牛相同的方向。第三只蜗牛同样有一半的概率选择与第一只蜗牛相同的方向，所以三只蜗牛不会撞到一起的概率是 1/4。

182. 既然两个人的钱凑在一起可以买 1 台，那证明这款游戏机的价格是整数。有 3 个人的钱凑在一起可以买 2 台，除去这 3 个人，还有 2 个人的钱凑在一起能买 1 台，证明这 5 个人的钱一共能买 3 台。6 个人的总钱数是 132 元。也就是说 132 减去一个人的钱数应该能被 3 整除。那么 132 只能减 18 或者 21。(132－18) /3＝38，而 14，

17, 21, 25, 27 中的 *17* 和 *21* 组合能组成 *38*,满足题目的要求。同理,另外一种情况不满足题意,所以这款游戏机的价格是 *38* 元。

183. 我们根据它们的行驶速度可首先推断出各自所用时间:

乌龟跑了 *4.2 ÷ 3 × 60 = 84* 分钟

兔子跑了 *4.2 ÷ 20 × 60 = 12.6* 分钟

兔子在跑完全程所鼠的时间为 *1 + 15 + 2 + 15 + 3 + 15 + 4 + 15 + 2.6 = 72.6* 分钟

所以兔子先到终点,并且快于乌龟 *84 − 72.6 = 11.4* 分钟。

184. 红色

周围的六个人只能看到周围 *5* 个人头上的头巾的颜色,由于中间那个小朋友的阻挡,每个小朋友都无法看到与自己正对面的头巾颜色,他们无法判断自己头巾的颜色,证明他们所看到头巾的颜色是 *3* 红 *2* 黑。剩下 *1* 黑 *1* 红是他们和自己正对着的人的头巾颜色,这就说明处于正对面的两个人都包着颜色相反的头巾,那么中间的人就只能包红色。

185. C

画个路线图就非常清楚。

186. 小白羊买了黑外套,小黑羊买了灰外套,小灰羊买了白外套。

根据第一只羊的话,买白外套的一定不是小白羊,是小黑羊或者是小灰羊。但是根据小黑羊的话说话的一定是小灰羊,那么小灰羊一定买了白外套。小黑羊没有买黑外套也不能买白外套,只能买灰外套,小白羊只能买黑外套了。

187. 根据所给帽子的颜色,只能有 *3* 种可能,即黑黑白、黑白白、白白白。如果是黑黑白,那么戴白帽就能立即说出答案,既然没有人说出,就排除了这种可能;如果有黑帽的话,只有一只,那么戴白帽的人就能立即做出回答,而这时也没有人猜出;那么只有"白白白"

这一种可能了。

188.（1）E

首先排除A、B，因为明显违反条件2；C、D不符合条件3因此，选E。

（2）D

王和李性别相同，A违反条件1；林必须同王或赵同组，或者同时与王、赵同组排除B和E；C组合中郑只能与张、赵一组，违反条件1，因此选D。

（3）C

帆不能在张那一组，排除A；根据条件3，排除B、E；根据条件1，排除D；故选C。

（4）A

根据条件1，三个成年女性分别分在三个组里，两成年男子分别分在两个组里，剩下的四个孩子再做分配，必有两个孩子在一起，要跟一个成年女性，所以A是正确的。其他选项都不确定，最后一项是完全错误，与条件1相悖。

（5）D

首先排除B，因为张和帆同组。张和王同组违反条件1，排除A；根据条件3，排除C；根据条件1，排除E，因此选D。

189.孙康、李丽、江涛分别被哈佛大学、牛津大学、麻省理工大学录取。

假设江涛被麻省理工大学录取正确，根据甲、乙孙康就不会被牛津和麻省理工录取，那么他一定被哈弗录取；李丽就要被牛津大学录取，符合条件。

190.（1）C

由已知条件2、3和本题附加条件可知：冲、花、杰和波四人中，冲的体重最重，其次是花和杰，波的体重最轻。而选择C中所示体重恰恰相反，即波的体重重于冲的体重，所以错。

（2）B

根据条件4、5可以得出这样的高矮顺序：杰，军，浩、花。由此可见，如果军比浩高，那么杰肯定比花高。

（3）C

由条件1、5可以得出如下的从高到矮的顺序：涛、婷、云、浩、花，这样我们就可以很明显地看出涛文高于花，因此C对。而A、B、D由于条件不充分，推出结果当然也是不可靠的。

（4）E

191. B

由条件3可以排除C、D，由条件4排除A，因此答案为B，可以代入题中验证，符合条件。

192. B

此题最好用排除法，根据条件只有一个人说的是正确的，如果张说得对，那么王和赵说得也对，排除A。同理，王说得也不对，如果李说得是对的，赵说得也可能对，反之也是如此，排除C、D。故选B。

193. 根据条件1和2，如果凯特要的是巧克力，那么玛丽要的就是奶糖，简要的也是奶糖。这种情况与3矛盾。因此，凯特要的只能是奶糖。于是，根据条件2，简要的只能是巧克力。因此，只有玛丽才能昨天要巧克力，今天要奶糖。

194. 普特南对他说："这桶里装满了洋葱，而不是炸药。"

195. 赵芳

如果李娜有钱，那么她也温柔。根据条件①、②，如果李娜既没有钱也不学识渊博，那她也温柔。因此，无论哪一种情况，李娜总

178

是温柔。

根据条件④，如果赵芳十分善良，那她也温柔；根据条件⑤，如果赵芳有钱，那她也温柔；根据条件①、②，如果赵芳既不富有也不善良，那她也是温柔。因此，无论哪一种情况，赵芳总是温柔。

根据条件①，叶楠并非温柔，根据条件④，叶楠并不善良，从而根据条件①、②，叶楠既学识渊博又有钱。再根据条件①，李娜和赵芳都非常善良。

根据条件②、③，李娜并不学识渊博。从而根据条件①，赵芳学识渊博。最后，根据条件①、②，李娜应该很富有，而赵芳并非有钱。

196. γ

根据条件①，三人中有一位父亲、一位女儿和一位同胞手足。如果 α 的父亲是 γ，γ 的同胞手足必定是 β，那么 β 的女儿必定是 α，所以 α 是 β 和 γ 二人的女儿，而 β 和 γ 是同胞手足，与前提条件"不违反伦理道德"相违背。

α 的父亲是 β。根据条件2，γ 的同胞手足是 α。β 的女儿是 γ。再根据条件①，α 是 β 的儿子。因此，γ 是唯一的女性。

197. A

根据甲、乙、丙三个人的意见，选项 A，对于甲、乙、丙三人的意见都满足；选项 B，与甲矛盾；选项 C，与丙矛盾。选项 D，与乙、丙都矛盾。

198. B

因为甲公司的经理说完后另一个姓孙的经理又说，说明甲公司经理不姓孙，排除 A；丙公司拍摄的是《白娘子》，因此丙公司经理不姓白，排除 C；同样可排除 D、E。所以，B 即为所选的答案。

199. E

此题所问的是"除了"，因此可用排除法排除掉能够削弱的选项。

A项能削弱，因此不是正确答案。理由如下：热县报纸销量虽多，但人口也多，可能人均报纸拥有量比天中县低，这样，热县的居民反而不如天中县的居民更多地知道世界大事。同样，选项B、C、D也可以削弱题干论断。所以，A、B、C、D项要排除掉。

选项E所言的"热县报亭的平均报纸售价低于天中县的平均报纸售价"能说明"热县的报纸销售量多于天中县"，但不能削弱"热县的居民比天中县的居民更多地知道世界上发生的大事"这个论断。

200. C

只有C是可以从陈述中直接推出的，故选C。

201. D

解析：本题可以使用排除法解决问题，在本题中提到*1972年*到*1980年工业能源消耗量*先升后降，到*1980年低于1972年*，而工业总产出*1980年*显著提高，结论是工业部门采取了高效节能措施。要想削弱题干中的结构，那么可以找出削弱前提或者结论，选项A是加强了题干，选项B、C是无关选项，排除掉；选项D说*20世纪70年代*，世界上很多行业不再使用高价石油这个能源，而是去使用低价替代物这个方法，并不是说要采用高效节能措施，所以最能削弱题干结构，故选择D。

202. (1) A

这个答案最好能一眼看穿，剩下的*4男2女*，许三和李四必须在两条独木舟上，许三的一个儿子必须跟着李四，李四必须有一个女儿跟着许三才能满足要求，因此A能满足要求。

(2) B

选A剩下的许三、许三妻、许明和许亮有三个人在同一舟上，不符合条件③；选C，C项违反已知条件②；选D，剩下的许三、许涛、许明和许亮有三个人在同一舟上，不符合条件③；选E，不符合条件③。只有B项剩下的许三、许三妻、许明和李娜可以符合三个条件。

（3）B

根据三个条件，许三和李四妻必须分坐在两条独木舟上，不能在同一条独木舟上，否则就违反了条件②，B项显然错误。

（4）D

要满足已知条件②和③，李四家的两个孩子不能坐在同一条独木舟上，许三和许三妻也不能坐在同一条独木舟上，否则就有一个舟上是一家人，断定P和张的断定肯定是对的。"李四和李四妻夫妻俩不在同一条独木舟上"可能对，也可能错，只是有这种组合的可能。

（5）A

许三家的两个男孩已经跟着李四去徒步旅行，孩子中只能剩下一个男孩和李四家的两个女儿，只有A和这个结果相符。

203. 30

根据②、③两个条件，反复试验，可以发现，只有四对硬币组能满足要求，各对中每组硬币的总价值分别为：*40美分、80美分、125美分和130美分。具体情况如下：*

当总价值为*40美分*时，只能有这样的组合：

25、5、5、5；

10、10、10、10。

当总价值为*80美分*时，只能有这样的组合：

50、10、10、10；

25、25、25、5。

当总价值为*125美分*时，只能有这样的组合：

50、25、25、25；

100、10、10、5。

当总价值为130美分时，只能有这样的组合：

100、10、10、10;

50、50、25、5。

根据①、④两个条件，只有*30*美分和*100*美分能够分别从两对硬币组中付出而不用找零，但是在标价单中没有*100*。因此，圈出的款额必定是*30*。

204.郭

由条件③、④可得，张、杨一定小于*30*岁，郭和周有一个人小于*30*岁，根据条件⑦许先生不会娶张、杨。

由⑤、⑥可得，王和周的职业是秘书，郭和杨有一个人是秘书，根据条件⑦许先生不会娶王、周。

所以只有郭符合条件。

205.（1）E

根据条件②，每位议员至少赞成一项议案。既然G反对Ⅱ号和Ⅲ号议案，因而他必然赞成Ⅰ号议案。

（2）C

因为A、F、G三位议员肯定投反对票。

（3）B

根据条件③、④，B反对Ⅰ号议案，G反对Ⅱ号和Ⅲ号议案，因此他们两人不可能赞成同一议案。

（4）B

若Ⅰ号议案通过，则C、D、F投赞成票；若Ⅱ号议案通过，则B、C、D、E投赞成票；若Ⅲ号议案通过，则B、C、D、E投赞成票。综上所述，三项议案中某一项议案被通过，C或D都投赞成票，故选B。

（5）D

因为如果E的表决跟G一样，那么Ⅱ号和Ⅲ号议案都必将被否决（条件①、④、⑥）。同理选 C 和 E 都是明显错误的。选 A 和 B 也不一定对。因为肯定赞成 I 号议案的只有三位议员，他们是 E、F、G。因此 I 号议案可能被通过，也可能被否决。

(6) B

I 号议案已有两票反对（A 和 B），再加上 C 和 D（根据条件⑤，共四票反对，因此必被否定。同理选 A 是明显错误的。而 C、D、E 的结论可能是对的，也可能是错的，这要看 B 和 E 的立场如何，本题末表明他们的态度，所以我们也就无法确定 II 号议案或 III 号议案是被通过还是被否决。

206.王：英语，数学；

李：语文，历史；

赵：物理，政治。

207."我担心，在他回来之前，您的伤口已经愈合了。"

208.乙

由条件②、③、⑤知道甲、丙不能做这件事；由条件①知道甲乙丙至少有一人做了这件事，那么乙一定做了；由条件④得，只有乙一个人有罪。

209.最后一个人不知道自己所戴帽子的颜色，那么他的帽子和剩下的两顶帽子属于两种以上的颜色，通过排除，知道他的帽子和剩下的两顶帽子分属于三种颜色，第九个人不能判断自己所戴帽子的颜色，也是如此。以此类推，第一个人就能知道自己帽子的颜色为白色。

210.副手姓张

由条件①和条件⑥可知，副手不姓陈。由条件⑤和条件②可知副手的邻居不姓张，姓孙。

由条件⑥和条件③可知老张住北京，结合条件⑥副手姓张。

211.A：站在阳台上；B：在看书；C：在写东西；D：在剪指甲。

根据已知推出：

A：写东西或者站在阳台上；

B：写东西或者在看书；

C：写东西或者站在阳台上；

D：写东西或者在剪指甲。

由此可得，D一定在剪指甲；由条件3可排除A在写东西，那么A站在阳台上；由以上排除C站在阳台上，那么他一定是在写东西；因此B一定在看书。

212. 小绿

①若是小花做的，则三人说话中有二真一假、不合题意。

②若是小丽做的，则三人说话中还是二真一假、不合题意。

③若是小绿做的，则三人说话二假一真、则符合题意。

所以，正确答案为：小绿干的。

213. B第一，D第二，A第三，C第四。

214. 小红是汉县选手，她得的是三等奖。

如果小红得的是一等奖，她不是汉县选手，小刚是二等奖，是沙镇选手与条件②相违背，排除这种情况。

如果小红得的是二等奖，他是沙镇选手，小青一定是水乡人，小刚一定得的是一等奖，小刚是汉县选手，与条件③相悖，排除这种情况。

所以小红是三等奖，小青是二等奖是沙镇人，小刚是水乡人得一等奖。因此，小红是汉县人，符合所有条件。

215. A，23岁，B，25岁，C，22岁。

先从A年龄想起，若A22岁，推出B说的有两句假话，不合题意。

216. M赛了二盘。

217. 姓李的是作家和演员，姓蒋的是音乐家和诗人；姓刘的是机械工人与美术家。

218.根据假设性的排除法可以推断犯罪的人是C。

219.

（1）B

根据条件③，就可立即选出答案。

（2）C

A违反条件乙；B违反条件丁；D违反条件己；E违反条件丁。故选C。

（3）A

由已知条件乙、丁、戊可知，在三个数字中，1和3两个数字在这样的条件中是不可能有用的。因此，只有2一个数字可用；再根据已知条件③，可得知这样的密码文字只有22一种，故选A。

（4）B

既然条件限制在三个数字内，那么根据已知条件乙、丁、戊、己，可先排除1、3、5三个数字，因此剩下的只有222及34两种。

（5）D

这样的题目要首先找出错误的密码，然后再看是否可根据题中所限制的条件将它改正。我们可以发现，D组中的密码明显违反已知条件④，但只要将3与前三个数字412任一位置交换即可变成一个完全符合条件的密码，因此选D。

（6）C

因为用5替代4后，原密码变为3322515，这样就违反了已知条件⑤，故为错。

（7）E

让我们逐个来排除：A中的8一定要2替换才能符合已知条件⑥，但这组字母中没有2，因此不行；B组中的密码文字本身就违反了已知条件④，因此也不行；C与A同理；才能符合所有的已知条件，故选E。

220. A：妻子，苗族人，甲，号码66；

B：丈夫，傣族人，丙，号码44；

C：儿子，乙，号码54。

组合方案有夫——苗族、夫——傣族、妻——苗族、妻——傣族或乙，如为夫——苗族，C的②、④不合条件；如为夫——傣族，B的①、③不合条件；如为妻——傣族，B的①、③不合条件，乙也不可能，A的②、③不合条件，A只能是妻，因此得出结论。

221. 赵亮

根据条件①，每个人的三爱好组合必是下列组合之一：

A. 葡萄汁，兔，哈尔滨；B. 葡萄汁，猫，青岛；C. 果粒橙，兔，青岛；

D. 果粒橙，猫，哈尔滨；E. 葡萄汁，兔，青岛；F. 葡萄汁，猫，哈尔滨；

G. 果粒橙，兔，哈尔滨；H. 果粒橙，猫，青岛。

根据条件⑤，可以排除C和H。于是，根据条件⑥，B是某个人的三嗜好组合；

根据条件⑧，E和F可以排除；

再根据条件⑧，D和G不可能分别是某两人的三好组合，因此A必定是某个人的三嗜好组合；

然后根据条件⑧，可以排除G；于是余下来的D必定是某个人的三爱好组合；

根据条件②、③和④，住房居中的人符合下列情况之一：

喝青岛而又爱兔；喝青岛而又喝果粒橙；爱兔而又喝果粒橙。既然这三人的三爱好组合分别是A、B和D，那么住房居中者的三爱好组合必定是 A，或者 D。

根据条件⑦，可排除 D；因此，根据条件④，赵亮的住房居中。

222. 从上述的条件当中，可以推出每对三胞胎都是由二男一女组成，b 和 e 是兄弟关系，c 和 f 是同胞关系。明白这一点，推理就很简单了。

（1）应选 E。

从题意中可以得知，b 和 e 是兄弟关系，c 和 f 是同胞关系。a 或 d，可能居于 b 和 e 这一对，也可能居于 c 和 f 这一对，但是 b、e 不可能是 c、f 的同胞兄弟姐妹，由此可知：f 和 e 不可能是同胞兄弟姐妹关系，而另外的几对都有可能是同胞兄弟姐妹关系，因此选 E。

（2）应选 E。

运用排除法分析：如果 a 和 e 是同胞兄弟姐妹，那么可以假设 a 是女的，d 是男的，但还是不清楚究竟 c 或者 f 是女的，因此 A 错，选 B 也错，因为 e 和 f 不可能是同胞兄弟姐妹，所以，更不能说明 f 是否一定是女性。如果 d 和 e 是同胞兄弟姐妹，由此可以假设一下，d 是女的，a 是男的，但我们还是不知道究竟 c 或者 f 是女的，因此选 C 也错。如果 c 是 d 的小姑，那推断的结果必定是 f 是男性，故选 D 同样错。在 c 是 d 的小叔这一条件下，我们可以推断在 a、c、f 这对三胞胎中 a、c 都是男性，f 必定是女性，因此选 E 正确。

（3）应选 B。

分析方法相同

（4）应选 A。

由题意可知，b 和 e 是男的。如果 e 和 f 结为夫妇，我们可以推断 f 是女的，c 是男的，因此 B 和 D 肯定错，而 C 和 E 则不一定对，只有 A 肯定正确。

（5）应选 D。

187

根据题中的条件知道，可推断出 d、f、c 三人是同胞兄弟姐妹，其中 c 是女的；b、e、a 三人是同胞兄弟姐妹，其中 a 是女的。由此不难看出，除 D 之外的其他选择都错。

223. 甲为 97 个金币；乙没有金币；丙为 1 个金币；丁为 2 个金币；卯没有金币。

或者：甲为 97 个金币；乙没有金币；丙为 1 个金币；丁没有金币；卯有 2 个金币。

224. 第一座是黄色房子，住着挪威人，喝矿泉水，抽 HUNHILL 香烟，养猫；

第二座是蓝色房子，住着英国人，喝茶，吸拉特烟，养马；

第三座是红色房子，住着美国人，喝牛奶，抽 AALLMALL 烟，养鸟；

第四座是绿色房子，住着德国人，喝咖啡，吸 PRINCE 烟，养猫、马、鸟、狗以外的宠物；

第五座是青色房子，住着瑞典人，喝啤酒，吸 MASTER 烟，养狗。

225. 方块 5

B 同学只知道点数，却不能确定花色的只有 K、4、5、Q 这几张。而 C 同学知道 B 不知道，而 C 同学知道花色，那么这个花色应该只包括这 4 张牌或其中的几张，这时只有方块和红桃符合条件。这时 B 同学又知道了这张牌是哪两种花色，但是 B 同学却能确定这张牌是什么，这时只有方块 5 符合条件了。因为如果是 K 的话他不能确定是哪种花色，而之后 C 同学也知道了，说明除去 K 后此花色只有一张牌，只能是方块 5。

226. 不难发现只有 C 一人猜了绿队是第一名，所以这个结论是正确的，那么白队第五错了，而紫队第五对，黑队第二错。又因为紫队已经第五，所以紫队第二错，黑队第三对。同样道理，可知绿队第

一、青队第二，这样五队的名次依次是绿、青、黑、白、紫。

227. 赵冰

前提条件：每个人都恰好有三个特点。因此，根据条件①和②，张明具有下列四组特点中的一组：乐观，美貌，幽默乐观，美貌，聪明美貌，幽默，聪明幽默，理智，聪明根据条件①和③，李浩具有下列四组特点的一组：乐观，理智，美貌；理智，美貌，幽默；理智，美貌，聪明；美貌，幽默，聪明。根据①和④，赵冰具有下列四组特点的一组：美貌，幽默，理智；美貌，幽默，聪明；幽默，理智，聪明；理智，乐观，聪明。根据上面的特点组合并且根据条件①，如果张明具有聪明的特点，那么李浩和赵冰都是理智而又美貌的，张明就不能是理智或美貌的了，这种情况不可能，因此张明不具有聪明的特点。根据上面的特点组合并且根据条件①，如果李浩具有聪明的特点，那么张明和赵冰都是美貌的，李浩就不能具有美貌的特点了。这种情况不可能，因此李浩不具有聪明的特点。于是，赵冰必定是具有聪明特点的人了。我们还可以看出其中一人的全部三个特点，以及另外两个人各有的两个特点。因为赵冰是聪明的，所以张明是乐观、美貌和幽默的，李浩是既美貌又理智，所以赵冰不能是美貌的，因此赵冰是既理智又聪明的人。

228. 杨林

根据条件①，张云、郑明和宋剑各比赛了两场。因此，从条件④得知，他们每人在每一次联赛中至少胜了一场比赛。

根据体条件③、④，张云在第一次联赛中胜了两场比赛，于是郑明和宋剑第一次联赛中各胜了一场比赛。他们在一次联赛中各场比赛的胜负情况如下：

张云胜李阳；张云胜宋剑（第四场）。

郑明胜杨林；郑明负宋剑（第三场）。

根据条件②以及张云在第二次联赛中至少胜一场的事实，张云必定又打败了宋剑或者又打败了巴克。如果张云又打败了宋剑，则宋剑必定又打败了郑明，这与条件②矛盾。所以张云不是又打败了宋剑，而是又打败了李阳。这样，在第二次联赛中各场比赛的胜负情况如下：

张云胜李阳（第一场）；张云负宋剑（第二场）。

郑明负杨林（第四场）；郑明胜宋剑（第三场）。

在第二次联赛中，只有杨林一场也没有输。因此，根据条件④，杨林是另一场比赛的冠军。

229.病人说："你们抓错了，我吞下去的是一只灰色的。"

230.画家拿起笔来把作品的标题改了一下，成了《日落》。

231.美国商人沉默了一会儿，突然站起来，抱起身边的律师，硬把他塞出了窗外，因为美国的律师太多了。

232."你真是站着说话不腰疼。"他的朋友气喘吁吁地嚷道，"这个坑不是空坑，里面还有一只黑熊在睡觉！"

233.科学家解开了"苏鲁库库"扑火的原因。原来这种蛇是夜行的动物，火光刺激它的眼睛，会使它难以忍受，所以在漆黑的夜间，只要一见闪亮的火光，它就非灭了火不可。

那么"苏鲁库库"为什么不会被烧死呢？这是因为它的表皮能分泌出一种黏液，起隔热作用，所以它不但能扑火，而且还能在不太旺的火堆上停留较长的时间。但是，如果停留的时间过长，身上分泌出来的黏液被烘干了，它也难免葬身火海之中。

"苏鲁库库"是一种毒蛇，尾端长着一对能置人死地的角质毒螯，但它对人类也有贡献。据说，蛇肉烘干可治风湿病，蛇骨研成粉末，放到甘蔗酒或咖啡里，也能取得同样的疗效。蛇皮铺在床上就寝，还能防治皮肤病，所以当地就有人以捕它为业。

这种蛇具有扑火的癖好，因此当地印第安人又称它为"扑火蛇"。

234.原来，白罐子反射阳光，黑罐子能吸收阳光。在阳光照射下，黑罐子晒得热乎乎的，白罐子只稍微有点热，用手一摸，就能感觉出罐子是黑是白。

235.监督员去了，可是很快回来，说："我劝你算了。也甭想罚他，因为那位男子是卡内基先生。你看，这是他给我的名片。"

236.君主说："对不起，我刚才看到的是'我是鹿'的字样。"